Brian Swimme

Das Universum ist ein grüner Drache

Ein Dialog über die
Schöpfungsgeschichte
oder von der
mystischen Liebe
zum Kosmos

Claudius Verlag

Titel der amerikanischen Originalausgabe:
THE UNIVERSE IS A GREEN DRAGON by Brian Swimme.
Copyright © 1985 by Bear & Company, Inc.

Aus dem Amerikanischen übersetzt von
PETER-JOHANNES ATHMANN

Titelfoto: Bavaria Bildagentur/Stättmayer;
Vordere und hintere Umschlagklappe: Bavaria Bildagentur/TCL;
Umschlag hinten: Bavaria Bildagentur/Singer Features

Die Deutsche Bibliothek – CIP-Einheitsaufnahme
Swimme, Brian:
Das Universum ist ein grüner Drache : ein Dialog über die Schöpfungsgeschichte
oder von der mystischen Liebe zum Kosmos / Brian Swimme.
[Aus dem Amerikan. übers. von Peter-Johannes Athmann].–
München : Claudius Verl., 1991
Einheitssacht.: The universe is a green dragon ‹dt.›
ISBN 3-532-62111-8

© für die deutsche Ausgabe
Claudius Verlag München 1991
Alle Rechte, auch die des auszugsweisen
Nachdrucks, der fotomechanischen
Wiedergabe und der Übersetzung, vorbehalten
Umschlaggestaltung: Werner Richter
Satz: Compusatz GmbH, München
Druck: G. J. Manz, München

ISBN 3-532-62111-8

INHALT

Vorwort

Die Geburt eines neuen Jahrtausends steht uns bevor. Zugleich erleben wir die Krise ökologischer Verwüstung, die wachsende Kluft zwischen den Ländern der nördlichen und südlichen Erdhälfte und den Verlust unserer Phantasie, wie all dieses ökonomische und politische Leid zu lösen ist. In solchen Zeiten sucht man nach irgendwelchen Zeichen der Hoffnung, nach einer guten Nachricht. Dieses Buch, glaube ich, enthält die allerwichtigste Nachricht unserer Zeit: eine neue Geschichte unserer Schöpfung.

Eine neue Schöpfungsgeschichte ist immer eine gute Nachricht, weil mit einem Bewußtwerden unserer Kosmologie auch das Erwachen menschlichen Bewußtseins und menschlicher Vorstellungskraft herbeigeführt wird. In diesem Buch buchstabiert Brian Swimme in leuchtenden Bildern voller Zauber und mit lebendigen Worten die neue Geschichte der Schöpfung, die auf der ganzen Welt Anerkennung findet – in Ost und West, Nord und Süd. Warum ist das gerade in diesem Augenblick so wichtig? Weil jeder Volksstamm, jede Sippe immer schon durch ihre Schöpfungsgeschichten zusammengehalten wurde und uns allen jetzt eine *einzige* Geschichte geschenkt wird, die auf der ganzen Erde geglaubt werden kann. Mit anderen Worten: An diesem kritischen Punkt der menschlichen Geschichte, wo unsere Spezies am Rand der Selbstzerstörung und damit der Vernichtung aller irdischen Systeme steht, wird uns eine einzige und einzigartige Schöpfungsgeschichte gewährt, die das tut, was alle Schöpfungsgeschichten tun: Sie erinnert uns an unsere heiligen Ursprünge: Wer seine Ursprünge kennt, bemerkte Thomas von Aquin vor siebenhundert Jahren, der weiß etwas über seine Ziele. Anders gesagt, unsere gemeinsame Moral – und das umfaßt Bildungssystem und Wirtschaftsleben, Kunst und Politik, Religion und Erziehung im Elternhaus – wird im Licht dieser heiligen Geschichte unserer Ursprünge Erfrischung und neue Visionen finden.

Brian Swimme rüttelt uns theologisch wach, weil er die Religion von ihrem faden Anthropozentrismus befreit und ganz und gar durch ein sakramentales Leben ersetzt. Sein Kapitel über »Die Offenbarungen der Erde« könnte genausogut »Die Sakramente der Erde« heißen, mit den Sakramenten von Meer, Land, Leben, Feuer und Wind. Swimme schreibt aus einer – wenn auch noch kleinen – theologischen Tradition heraus, die vom »Kosmos als erster Offenbarung« spricht. Thomas von Aquin schrieb, daß die Offenbarung in zwei Bänden zu lesen ist – dem der Natur und dem der Heiligen Schriften – und daß ein Irrtum gegenüber der Natur ein Irrtum gegenüber Gott ist. Auch Meister Eckhart schrieb darüber, wie »jedes Geschöpf ein Wort Gottes und ein Buch über Gott ist«. Mich überrascht es nicht, daß Brian Swimme und sein Mentor, Thomas Berry, beide auf die Philosophie des Mittelalters zurückgreifen, wenn sie die Weisheit der heutigen Naturwissenschaft erklären. Denn der Westen unterzog sich im 12. und 13. Jahrhundert einer Renaissance, die als einzige mit dem vergleichbar ist, was wir heute erleben. Auch damals erschütterte ein neues Wissenschaftsparadigma mit lautem Getöse die westliche Gesellschaft. Geboren durch die Hochzeit von aristotelischem Wissen und christlichem Glauben, neu belebt durch die visionären Bilder von Hildegard und Thomas von Aquin und verbunden mit den Bewegungen der radikalen Basisgemeinschaften, die Franz von Assisi und Dominikus gebaren, war es im besten Fall eine zarte Verbindung, der es nicht bestimmt war, zu überdauern. Die drei Verurteilungen von Thomas von Aquin, die Verurteilung von Meister Eckhart und die Art, wie man Franziskus die franziskanische Bruderschaft entriß – all das waren Zeichen einer unsicheren Allianz. Die damalige Kirche war nicht in der Lage, die Kräfte einer neuen Kosmologie zusammenzuhalten.

Aber jetzt haben wir ein neues Zeitalter. Die Kirche wird nicht gebeten, eine neue Kosmologie zusammenzuhalten. Viele Menschen sammeln sich aus einer tiefen Verpflichtung gegenüber einem Bewußtsein für Demokratie und Biokratie und unter dem Druck des apokalyptischen Augenblicks der Wahrheit, in der wir uns selbst finden. Viele Menschen sammeln sich wieder in Basisgemeinschaften, um *die Geschichte zu erzählen* – die heilige Geschichte unserer kollektiven und persönlichen Erfahrungen. Und aus dem Erzählen und Feiern dieser Geschichte heraus können und müssen wir mit flammender Phantasie zurückgehen in unsere Berufe und Institutionen – einschließlich Religion und Erziehung, Politik und Wirtschaft – und das alles neu machen.

Das mag sich nach einer schrecklichen Aufgabe anhören. Aber das ist es nicht. Es ist eine Aufgabe voller Vergnügen und Wunder, voller Ehrfurcht und Kühnheit, wie Swimme es in diesem Buch beschreibt. Es ist keine Pflicht. Es ist ein Vergnügen. Und Vergnügen ist der radikalste Weg, unsere Spezies zu ändern.

Seit elf Jahren kenne ich den Autor dieses Buches. Wir arbeiten zusammen. Er lebt, was er predigt. Er ist ein Grenzgänger zwischen seinem wissenschaftlichen Beruf und vielerlei Bildungseinrichtungen. Während er in die tiefste Essenz seiner Wissenschaft eindringt, geht er gleichzeitig einer intensiven Lehrtätigkeit nach und ermutigt auch andere, diese Lehre weiterzugeben. Er ist Physiker. Er ist aber auch zur Hälfte Indianer, und ich meine, diese Abstammung ist wichtig, um seine Leidenschaft zu begreifen, die er für die Erde und ihre Geschichte mitbringt. Er ist auch ein mittelalterlicher Christ im Sinne eines kosmologisch geprägten Gläubigen, der mir einmal erzählt hat, daß er Thomas von Aquin und Meister Eckhart mehr verdankt als Albert Einstein. Ein Mann, für den Josef Pipers Buch *Muße und Kult* eines der wichtigsten Bücher seines Lebens bleibt.

Es ist für mich eine große Freude, daß dieses wichtige Buch jetzt auf deutsch erscheint. Es ist eine Ansage kosmologisch guter Nachrichten, die unsere Spezies Mensch von ihrem zerstörerischen und nihilistischen Anthropozentrismus abbringen kann. Es liegt ganz bei uns, ob wir die Erde mit all ihrer Schönheit voller Ehrfurcht wahrnehmen. Es liegt auch ganz bei uns, ob wir die Herausforderungen annehmen, die sie an unser moralisches Bewußtsein stellt. Die Neue Schöpfungsgeschichte ist eine Geschichte bedingungsloser Liebe – nicht von Menschen für Menschen, sondern vom *Kosmos* für alle seine Geschöpfe einschließlich der Menschen. Das erfordert von uns die Bereitschaft *aufzuhören, den Kosmos für selbstverständlich zu halten;* von neuem zu beginnen mit der Kraft und dem

Witz, wie sie die Ehrfurcht erweckt. Die Mystik, die dieses Buch anbietet, ist die Mystik einer ganzheitlichen und kosmischen Ehrfurcht. Damit gibt es keine Entschuldigung mehr dafür, die Rolle jeder einzelnen Person oder Institution jemals wieder für selbstverständlich zu halten.

Matthew Fox

Gründer und Direktor
des Instituts für Kultur und Schöpfungsspiritualität
am Holy Names College, Oakland, Kalifornien

PROLOG

Als ich bei einer Konferenz in Chicago einige Inhalte der neuen Kosmologie präsentierte, fuhr plötzlich eine Frau aus dem Publikum hoch. Aufgebracht und mit blitzenden Augen, als ob Pallas Athene persönlich mich hier angriffe, rief sie: »Ich möchte, daß Sie mir erklären, warum mein Sohn diese Dinge nicht in der Schule lernt. Sie behaupten, daß die Wissenschaftler das materialistische Weltbild über Bord geworfen haben. Warum muß mein Sohn dann überhaupt noch darunter leiden?«

Eine gute Frage, und sie betrifft nicht nur unsere Schulen. Ich habe mir häufig ähnliche Fragen gestellt, als ich an der Universität Mathematik und Physik lehrte. Ich sollte Studenten das Universum nahebringen – das *Universum* –, nicht aber über Sinnfragen sprechen. Scheint das nicht ein seltsamer Auftrag zu sein?

Wenn man mit solchen Fragen unbeirrt fortfährt, ist eine Antwort nicht schwer zu finden. Unsere moderne westliche Zivilisation begann mit einer Art kultureller Schizophrenie. Unser Wissenschaftsbetrieb koppelte sich mit Beginn der Neuzeit erfolgreich von unseren humanistischen und spirituellen

Traditionen ab. Aus guten Gründen natürlich, aber jetzt breitet sich diese Neurose über mehrere Erdteile aus. Verstrickt in den erschreckendsten Krankheitsbefund der menschlichen Geschichte können wir es vielleicht wagen, uns die Frage zu stellen, ob es wirklich so eine gute Idee war, das Universum derart aufzuspalten.

Es gab wachsame Menschen, die die Gefahr unserer Lage von Anfang an erkannt haben. Obwohl sie weder die planetarischen Gifte voraussehen konnten, die uns bedrängen, noch die drohende Vernichtung, die wir Abend für Abend mit ins Bett nehmen, konnten sie sehen, daß wir auf eine ungesunde Zukunft zusteuerten. Eine kranke Geisteswelt kann nur eine kranke Umwelt hervorbringen. Doch es gab nichts, was man dagegen hätte tun können. Die Wissenschaften hatten Erfolg mit ihren mechanistischen Formulierungen und vergruben sich daher in diesem Denken. Unsere religiöse Tradition zog sich vorsichtig auf eine Erlösungstheologie zurück und beschloß, daß ›Schöpfung‹ sie nichts anginge. Die abendländische Kultur begab sich damit auf ein Gleis, das in eine unausweichliche und schlimmer werdende Krankheit führte.

Doch in unserer Zeit ereignet sich etwas Ungeheuerliches, etwas, das die Macht hat, diese Sackgasse zu durchbrechen. Ich meine die radikale Umgestaltung der Grundlagen unseres Weltbildes, seitdem die kosmische Geschichte unserer Ursprünge und unserer Entwicklung im menschlichen Bewußtsein Wurzeln faßt. Wenn ich von »unseren Ursprüngen und unserer Entwicklung« rede, meine ich damit mehr als die Spezies Mensch. Ich rede von Ursprung und Entwicklung des Universums als Ganzem. Wir haben Entdeckungen gemacht, die überwältigende Möglichkeiten in sich bergen. Wir können das Universum nicht länger als Ergebnis zufälliger Kollisionen der Elemente ansehen, geschweige denn als deterministischen Mechanismus. Wenn wir das Universum als Ganzes betrachten, zeigt es sich eher als ein sich entfaltendes Lebewesen. Das Universum hat einen Anfang und befindet sich mitten in der Entwicklung: eine gewaltige kosmische Epigenesis. Alles ist an diesem Entfaltungsprozeß beteiligt – Galaxien, Sterne und Planeten, das Licht und alle lebendigen Geschöpfe.

Welche Kraft gewinnen wir durch dieses tiefere Verstehen? Es ermöglicht uns, eine neue Form des Menschseins innerhalb der neuen kosmischen Geschichte zu erfinden. Nichts weniger als das wird ausreichen! Ein neuer soziologischer Ansatz oder eine neue psychologische Theorie sind unzulängliche Mittel angesichts der Größenordnung unserer Sache. Wir müssen lernen, das Menschsein innerhalb der der Erde innewohnenden Dynamik zu begreifen. Wir sind dem Kosmos entfremdet und so sehr in unseren engen Bezugsrahmen gefangen, daß wir keine Ahnung davon haben, was wir als Spezies zu tun haben. Nur wenn wir das Menschsein als eine Dimension des erwachenden Universums neu erfinden, werden wir entdekken, daß uns eine größere Rolle zugedacht ist.

Ich möchte auf den Seiten dieses Buches ein Gesamtbild der kosmischen Schöpfungsgeschichte vorstellen und habe dafür die Form eines abendlichen Zwiegesprächs gewählt.

Die beiden Gesprächspartner nenne ich THOMAS und KIM: Mit THOMAS möchte ich Thomas Berry und die kosmologische Tradition würdigen, die er vertritt, lebt und feiert, und die von Erich Jantsch, Pierre Teilhard de Chardin über Thomas von Aquin bis zu Plato zurückreicht. Die Idee, die neue Schöpfungsgeschichte in Dialogform zu schreiben, entstand in einem Broadwayrestaurant in New York. Ich arbeitete mich gerade durch einen griechischen Salat, als Thomas Berry unvermittelt sagte: »Ihr Wissenschaftler habt doch diese neue unglaubliche Geschichte vom Universum, die alle bisherigen Kosmologien über den Haufen wirft. Aber solange ihr darauf beharrt, sie nur quantitativ zu betrachten, werdet ihr nie ihren tieferen Sinn schätzen lernen. Ihr hört ihre Musik nicht. An diesem Punkt braucht ihr die spirituellen Traditionen. Erzähl' die Geschichte, aber mit dem Gespür für die Musik, die in ihr steckt.«

Die andere Person heißt KIM, und zwar aus zwei Gründen: Zum einen spricht KIM in dem folgenden Gespräch stellvertretend für alle Leserinnen und Leser, so daß es mir auf einen Namen ankam, der geschlechtlich nicht einseitig festgelegt ist. Zum anderen ist KIM eine bekannte Romanfigur von Rudyard Kipling, ein Junge europäischer Abstammung, der, auf sich selbst gestellt, seinen Weg finden muß in einer Welt von überwältigender Faszination, Gefährdung und Schönheit, aber auch voll tiefer und vielfältiger Spiritualität – in Indien. In meinem Buch soll uns durch die Jugend von KIM stets gegenwärtig sein, daß die Menschheit die jüngste, frischeste, unreifste und neueste Spezies unter allen höheren Lebensformen der Erde ist. Wir sind gerade erst angekommen. Wenn wir formbar bleiben, wenn wir mit unserem Fragen, unserer Entwicklung und unserer Hoffnung nicht aufhören, wenn wir es schaffen, in Ehrfurcht und tiefempfundenem Staunen zu leben, dann können wir uns weiter in den einzigen Prozeß hineinbegeben, auf den es jetzt ankommt – die echte und glaubwürdige Reifung unserer Spezies. Auf diesem Weg – und nur auf diesem Weg – können wir die Erde dazu bringen, noch einmal zu erblühen.

I

DER KOSMOS
ALS
UR-OFFENBARUNG

KREATIVITÄT:
VON ANBEGINN
UND
ÜBERALL

KIM: Warum behauptest du, das Universum ist ein »Grüner Drache«?

THOMAS: Ich bin ein Geschichtenerzähler. Außerdem scheint es die angemessene Art und Weise zu sein, damit die neue Geschichte des Weltalls zu beginnen.

KIM: Aber warum nennst du es einen grünen Drachen, wenn es offensichtlich keiner ist?

THOMAS: Aus verschiedenen Gründen. Ich nenne das Universum einen grünen Drachen, um uns daran zu erinnern, daß wir niemals fähig sein werden, es durch unsere Sprache erfassen zu können.

KIM: Wie kannst du dir da so sicher sein?

THOMAS: Weil es das Universum nur einmal gibt! Wenn du sprichst, mußt du notwendigerweise vergleichen. So sagen wir: Das Haus ist weiß – nicht braun. Oder: Der Mann ist mein Feind – nicht mein Freund. Oder: Es geschah im 19. Jahrhundert – nicht vorher. Aber es gibt nur *ein* Universum. Wir können das Universum mit nichts anderem vergleichen – wir können das Universum nicht *zur Sprache bringen.*

Ich nenne das Universum »Grüner Drache«, weil ich vermeiden möchte, dich in der falschen Sicherheit zu wiegen, wir könnten das Universum in den Griff bekommen wie einen streunenden Hund, der in einen Zwinger gesperrt ist. Ich möchte, daß wir dieses richtige Verhältnis im Kopf behalten, wenn wir uns der Gesamtheit aller Dinge – dem ›All‹ eben – zuwenden.

Auf der anderen Seite – und hier ist ein zweiter Grund für den »Grünen Drachen« – haben wir durch unsere wissenschaftliche Forschung Erkenntnisse gewonnen, die unser Verständnis des Universums vollständig umwälzen. Neben dieser Revolution in unserem Denken verblaßt sogar die Ankündigung des Kopernikus, daß die Erde sich um die Sonne dreht. Ich weiß, daß es eine Zumutung ist, das Universum als »Grünen Drachen« zu bezeichnen, aber ich versuche damit nur mein Staunen darüber auszudrücken, was wir jetzt über das Universum wissen. Die Unzulänglichkeit dieses Bildes liegt darin, daß »Grüner Drache« viel zu abgedroschen ist, um die Radikalität unserer neuen Erkenntnis deutlich zu machen – so begrenzt ist unsere Sprache.

So. Sollen wir anfangen?

KIM: Du willst mir die Geschichte des Universums erzählen?

THOMAS: Gibt es etwas Besseres an so einem Nachmittag in der ehrwürdigen Gegenwart des Hudson River? Du mußt auf einiges an Verwirrung gefaßt sein – vieles von dem, was du hören wirst, wird dich verblüffen und verwirren. Unterbrich mich, wenn du eine Pause zum Nachdenken möchtest. Nur auf diese Weise wirst du erreichen, daß die Geschichte für dich einen Sinn bekommt; nur dann wirst du wenigstens ansatzweise die Erhabenheit dessen spüren, was sich im menschlichen Bewußtsein Bahn bricht.

KIM: Dauert das lange?

THOMAS: Nein, nein. Wir werden fertig sein, bevor die Sonne untergegangen ist, und sie steht schon über Hawaii. Schenk' dir einen Apfelsaft ein. Wenn alles zu schwierig wird, denk' an diese gewaltige Eiche – sie steht schon seit gut vierhundert Jahren hier. Stell dir vor, was sie schon alles miterlebt hat! Denk' an ihre Geduld, ihre Ausdauer, ihre fortdauernde Lebenskraft, während sie gelernt hat, mit allem in Beziehung zu treten, was ihr begegnete. Und sie ist noch immer hier – ihre Gegenwart wird uns über manch eine holprige Wegstrecke hinweghelfen, die vor uns liegt.

KIM: Womit geht's los?

THOMAS: Mit dem Anfang. Wir müssen mit der Geschichte des Universums als *Ganzem* einsteigen. Unser erwachender Kosmos ist der grundlegende Bezugsrahmen für alle Diskussionen über Werte, Sinn, Ziel und Grenzfragen aller Art. Wenn wir vom Ursprung des Universums sprechen, müssen wir uns das große stille Feuer zu Anbeginn der Zeit bewußt machen.
Stell dir den Schmelzofen vor, aus dem alles hervorgegangen ist: Dieses Feuer füllte das Universum, ja, es *war* das Universum. Es gab keinen Platz im Kosmos, wo dieses Feuer nicht war. Jeder Punkt des Alls war ein Ort, der vor diesem Licht explodierte, und alle Teilchen im Universum schäumten über vor Hitze und Druck – alles, was wir um uns herum sehen,

alles, was es überhaupt gibt, war schon am Anfang da, bei dieser großen, lodernden Explosion des Lichts.

KIM: Woher wissen wir das?

THOMAS: Wir können es sehen! Wir sind in der Lage, das Licht dieses urzeitlichen Feuerballs zu beobachten – oder zumindest das Licht seiner Endphase, denn es brannte fast eine Million Jahre lang. Wir können die Morgendämmerung des Universums sehen, denn das Licht ihrer Ausläufer erreicht uns erst jetzt, nach einer Reise von 20 Milliarden Jahren.

KIM: Wir können das echte Licht des Feuerballs sehen?

THOMAS: Wenn du eine Kerzenflamme siehst, siehst du das Licht dieser Kerze; in diesem Sinn können wir den Feuerball sehen. Wir sind dazu in der Lage, physikalisch mit Photonen in Wechselwirkung zu treten, die vom Anfang der Zeit herkommen.

KIM: Das heißt, wir sind direkt in Kontakt mit dem Ursprung des Universums?

THOMAS: Das stimmt.

KIM: Das gibt's doch nicht, daß ich das bis jetzt noch nicht wußte.

THOMAS: Die Wissenschaftler haben gerade erst gelernt, den Feuerball zu sehen. Das Licht war schon immer da, aber die Fähigkeit, darauf zu reagieren, erforderte eine ungeheure Entwicklung der menschlichen Sinne. So wie ein Künstler es lernt, die feinen Konturen und Schattierungen eines Seeufers zu entdecken, so lernt die Menschheit, dafür empfänglich zu werden, was alles gegenwärtig ist. Diese Entwicklung hat

Millionen von Jahren gedauert, doch heute können die Menschen mit der kosmischen Strahlung vom Ursprung des Universums in Beziehung treten. Wir können jetzt die Anfänge der Zeit sehen – eine überwältigende Errungenschaft.

KIM: Das ist ja unglaublich.

THOMAS: Am unglaublichsten ist die Erkenntnis, daß alles, was es im Universum gibt, von einem gemeinsamen Ursprung herkommt. Die Materie deines Körpers und die Materie meines Körpers sind innigst miteinander verwandt, weil sie aus einem einzigen Energiegeschehen hervorgegangen sind und noch immer in ihm zusammenhängen. Unsere Ahnenreihe reicht über die verschiedenen Lebensformen zurück bis zu den Sternen, zurück bis zu den Anfängen des urzeitlichen Feuerballs. Dieses Universum ist eine einzige, vielgestaltige, energiegeladene Entfaltung von Materie, Bewußtsein, Intelligenz und Leben. Und all dies ist völlig neu für uns. Keine der großen Gestalten in der Geschichte der Menschheit hatte eine Ahnung davon, weder Plato noch Aristoteles, weder die alttestamentlichen Propheten noch Konfuzius, weder Thomas von Aquin noch Leibniz oder Newton noch irgendein anderer Schöpfer großer Weltentwürfe. Wir sind die erste Generation, die eine empirische Sicht der Ursprünge des Universums erleben kann. Wir sind die ersten Menschen, die in den Nachthimmel schauen und dort die Geburt von Sternen, von Galaxien, ja die Geburt des ganzen Kosmos sehen können. Die Zukunft unserer Spezies wird innerhalb dieser neuen Geschichte der Welt geschmiedet werden.

KIM: Aber wie ist das mit *meiner* Zukunft? Was macht das für mich für einen Unterschied?

THOMAS: Als erstes mußt du dein schöpferisches Potential ganz erfassen. Das Universum hat sich bis zu diesem Punkt entfaltet. Es hat die schöpferischen Kräfte, die es für seine weitere Entwicklung braucht, in dich hineingegossen. Der Weg des Kosmos hängt von den Lebewesen und Elementen ab, die jetzt existieren, also auch von dir. Für die Entfaltung des Universums ist deine Kreativität ebenso wichtig wie die Schöpferkraft, die dem Feuerball innewohnte.

KIM: Woher kann ich etwas über meine Kreativität erfahren?

THOMAS: Achte auf die Kreativität, die überall im Universum wirksam ist. Lenke deinen Blick darauf, und du wirst anfangen zu begreifen, wie dieselbe Schöpfungskraft dich in ihr Schaffen mit hineinnimmt.

Der Feuerball war ein Kessel, der vor Kreativität brodelte. In ihm wurden alle Elementarteilchen des Universums erschaffen. Alles, was es auf der Erde gibt, verdankt seine Existenz allein den Elementarteilchen, die in jener ersten Ära der kosmischen Entfaltung entstanden.

Nach dem Feuerball wurden die Sterne und Galaxien erschaffen. Wir müssen uns klarmachen, daß die Erschaffung einer Galaxis eine einzige, riesige Aktivität ist. Schaffen wir das überhaupt? Und doch sind einige hundert Milliarden Galaxien entstanden, jede davon mit hundert Milliarden Sternen. Und sie alle tanzen: Die Sterne wirbeln umeinander, explodieren, erschaffen neue Sterne, halten einander durch die stille Umarmung der Schwerkraft. Und diese enorm komplexen Lebenssysteme sind einfach mit einem Satz ins Sein hineingesprungen. Wenn wir über die schöpferische Kraft im Universum nachdenken, werden wir einfach überwältigt von ihrer Unermeßlichkeit wie auch von ihrer scheinbaren Mühelosigkeit.

Wer etwas über Kreativität lernen will, muß damit anfangen, die Kreativität der Erde zu verstehen. Wir kennen keinen anderen Planeten, der so eine schöpferische Macht wie die Erde besitzt. Ich spreche jetzt von der Erde als Ganzheit, als schöpferischem Wesen. Die Erde schuf die Kontinente, die Gebirgszüge, die Atmosphäre. Auch Mond und Merkur haben Gebirge erschaffen, doch ihre Kreativität ist seit langem erloschen. Auch der Mars hat Berge, eine dicke planetarische Kruste und eine Atmosphäre hervorgebracht, aber eine schöpferische Evolution von Bedeutung hat er nicht mehr aufzuweisen. Die Erde hingegen wird noch Milliarden von Jahren schöpferisch sein. Sicher, auch der Jupiter hat eine Atmosphäre erzeugt, aber er wird niemals fähig sein, einen Kontinent zu schaffen; seine immense Masse wird bis in ferne Zukunft gasförmig bleiben. Allein auf der Erde waren die kreativen Kräfte in der Lage, solch eine Vielfalt zu formen, sogar in diesem elementaren Bereich. Die Erde hat die Ozeane geschaffen – ein gewaltiges Meisterstück. Einen anderen Ozean, einen anderen See, einen anderen Fluß müssen wir in unserer Milchstraße erst noch finden. Wir kennen bisher keine anderen als unsere eigenen.

KIM: Wirklich keine?

THOMAS: Wir haben Wasserdampf und Eis entdeckt; das ist aber auch alles. Die Entstehung von Eis zeigt die Kreativität offenkundig und deutlich genug; die ersten paar Milliarden Jahre des Universums *gab* es kein Eis. Auch die Erzeugung von Wasserdampf etwa auf der Venus zeigt sicher, daß hier schöpferische Kräfte am Werk waren. Aber allein die Erde kann sich der Meisterleistung rühmen, Ozeane geschaffen zu haben und sie seit vier Milliarden Jahren zu bewahren. Nach allem, was wir wissen, hat möglicherweise kein anderer Planet eine derartige schöpferische Kraft an den Tag gelegt. Ein beängstigender Gedanke vielleicht, aber er muß ernsthaft erwogen werden, bis wir Belege haben, die anderes erkennen lassen.

Kim: Ozeane scheinen so normal zu sein, so gewöhnlich.

Thomas: Das stimmt zwar, zeigt aber nur, wie gewöhnlich unser Denken ist. Erst wenn wir das ganze Universum als unseren fundamentalen Bezugsrahmen nehmen, fangen wir an, die Bedeutung von fließendem Wasser richtig einzuschätzen. Nur wenn wir innerhalb des sich entfaltenden Kosmos als Ganzem unseren Platz finden, können wir die wahre Bedeutung und den tieferen Sinn gewöhnlicher Dinge entdecken. Die Erde war ein Schmelzkessel, voll von chemischer und atomarer Kreativität, und gestaltete immer komplexere Formen und Kombinationen, bis das Leben schließlich in und aus den Ozeanen hervorsprudelte, sich über die Kontinente ausbreitete und den gesamten Planeten bedeckte. Diese Kreativität schritt fort, bis auf jedem Erdteil Blumen blühten, und hörte nicht auf, bis die Fähigkeit erschaffen war, den Anblick der Blumen und all des Schönen im Innersten zu fühlen und zu würdigen. Wir sind die späteste, jüngste und neueste Extravaganz dieser überwältigend kreativen Erde.

Kim: Sind wir auch die Letzten?

Thomas: Wir haben noch nicht einmal richtig angefangen! Wie kannst du da vom Ende reden? Wir brechen gerade erst auf zu diesem Wagnis Menschsein und sind uns unserer Unreife in aller Schärfe bewußt. Sogar dieses Gespräch enthüllt die Art und Weise, wie sich die menschliche Selbst-Reflexion entfaltet. Noch vor ein paar Minuten warst du dir des urzeitlichen

Feuerballs noch gar nicht bewußt. Die gesamte Menschheit wußte Jahrmillionen lang nichts vom Licht dieses Feuerballs. Verstehst du? Das Universum ist ununterbrochen dabei, sich zu entfalten, und fährt stetig fort, sich durch das menschliche Bewußtsein seiner selbst offenbar zu werden.

Kim: Wenn du über das Auftauchen der Ozeane redest, verstehe ich, daß sie offensichtlich für die Erde eine neue Errungenschaft waren. Aber was kommt durch die Menschen an wirklich Neuem hinzu?

Thomas: Der Mensch bietet den Raum, in dem das Universum seine überwältigende Schönheit empfinden kann. Denk dir das folgendermaßen: Vor der Ankunft des Menschen waren die Erde und das Universum schon grandiose Wirklichkeit. Es gab jedoch noch nichts, was diese Herrlichkeit in all ihrer Tiefe empfinden und würdigen konnte. Durch uns ist einiges vom Innersten des Universums imstande, sich *erleben* zu lassen – und wir haben dieses kühne Unternehmen gerade erst begonnen; und vieles wartet noch auf unsere Reifung. Warum sonst appellieren alle Dinge auf Erden an die Menschen, wenn nicht in der Hoffnung, daß sie ihre Existenz in einem leidenschaftlich gefühlten Leben spüren und erleben können? Erinnere dich: Noch gestern hast du dem Feuerball keinen Platz in deinem Denken gewährt. Und bist du nicht jetzt, nachdem du davon gehört hast, völlig überwältigt von diesem Wunder?

Kim: Doch, sehr.

Thomas: Im Innersten des Menschen erbebt das Universum vor Staunen über all diese Wunder. Verstehst du? Stell dir vor, wie es wäre, wenn es keine Menschen auf der Erde gäbe: die Berge und der urzeitliche Feuerball wären grandios, aber die

Erde könnte nichts davon *spüren*. Merkst du, wie traurig dieser Zustand wäre? Wie unvollkommen?

Manchmal denke ich, die wichtigste Aufgabe für Eltern ist es, die Schönheit und Anmut der Kinder zu entdecken. Kinder sind herrlich, so wundervoll, daß es einem die Worte raubt. Sie selbst haben keine Ahnung davon, welche Schönheit sie verkörpern. Spürst du die Tragik eines Kindes, wenn niemand da ist, der seine Schönheit spürt und beschützt? Niemand, der sich in ein so großartiges Geschöpf verliebt? Niemand, der seine Herrlichkeit feiert? Genauso ist es mit dem Kosmos: Die Menschen können die ungeheure Schönheit der Erde, des Lebens und des Universums beherbergen. Wir können sie würdigen und ihre Erhabenheit spüren.

KIM: Und du behauptest, daß wir mit dieser Aufgabe noch nicht fertig sind?

THOMAS: Alle drei Zeitalter der Menschheit haben ihre eigene einzigartige Vision des Schönen errungen. Im Zeitalter der schamanischen Stammesgesellschaften brachen die großen Geheimnisse der Erde, des Himmels und der Sonne ins menschliche Bewußtsein. Stell dir vor, wie das gewesen sein muß, als erstmals ein Wetterleuchten den menschlichen Geist versengte, als ein Gewitter das menschliche Gefühl vollständig ausfüllte! Immer wenn uns das verzweigte Licht eines Blitzes Ehrfurcht einflößt, wenn wir im nächtlichen Wald bebend auf die Morgendämmerung warten, dann vergegenwärtigen wir damit, wie es war, als die Erde zum ersten Mal ihre eigene Schönheit kostete.

In der zweiten Epoche der menschlichen Geschichte beobachten wir den Aufstieg der großen klassischen Kulturen in China, Indien, Europa, im Mittleren Osten und im indianischen

Amerika. Indem diese Kulturen den Menschen die Arbeitsteilung ermöglichten, brachten sie menschliche Kräfte hervor, die in der schamanischen Stammesgesellschaft unvorstellbar waren. Auf diesem Nährboden wurden die großen Schriftwerke der Welt geschrieben und die klassischen spirituellen Schulen begründet. In dieser Periode der menschlichen Geschichte entwickelte sich die Vorstellung von der menschlichen Welt als Schnittpunkt zwischen dem Reich des Wahrnehmbaren und der Transzendenz.

Das wissenschaftlich-technische Zeitalter ist die dritte Entwicklungsphase. In diesen letzten paar Jahrhunderten haben wir auf empirischem Wege die Triebkräfte ergründet, die die Erde und den Kosmos lenken. Die Schwerkraft, die elektromagnetische Kraft, die schwache und die starke atomare Wechselwirkung wurden entdeckt und mathematisch beschrieben. Man erlangte die Macht, die irdischen Wirkkräfte durch technologische Erfindungen umzulenken und zu verändern. Die Unermeßlichkeit von Zeit und Raum erwachte im menschlichen Bewußtsein, und sogar die Ursprünge des Universums brachen in das individuelle Selbst-Bewußtsein hinein. Das wissenschaftlich-technische Zeitalter ermöglichte es den Triebkräften des Universums, sich im menschlichen Bewußtsein zu entfalten.

Gegenwärtig beschreitet die Menschheit den Weg in ihr viertes Zeitalter hinein, das wir die »Ära der Erde« nennen könnten. Das bedeutet nicht, daß sich Wissenschaft und Technik in Luft auflösen. Die Zeit der schamanischen Stammesgesellschaften ist nicht vergangen, als die Kulturen der klassischen Hochreligionen aufkamen, noch sind all diese verschwunden, als das wissenschaftlich-technische Zeitalter begann. Doch das schöpferische Feuer, das dem Wagnis Menschheit innewohnt, konzentriert sich nun auf die Geburt von etwas völlig Neuem: auf eine Form menschlichen Lebens, die sich als Bestandteil der vernetzten Wirkkräfte einer sich entfaltenden Erde sieht. Weder der Stamm wird in Zukunft der Nabel der menschlichen Welt sein, noch die Gesellschaft, weder die Kultur noch der Nationalstaat: Die irdische Gemeinschaft als Ganzes muß als unsere Heimat begriffen werden, als Mutterschoß von Schöpferkraft und Leben.

Die Menschen werden eine tiefere Kenntnis der planetarischen und kosmischen Dimensionen begehren, die in ihrem Selbst-Bewußtsein angelegt sind. Aus planetarischer Sicht können wir sagen, daß die Erde zu einem Bewußtsein ihrer eigenen Schönheit, Kraft und zukünftigen Möglichkeiten erwacht. Die Erde erwacht und schaut visionär ihre Entfaltung zu einem selbst-bewußten Wesen.

KIM: Die Erde ist eine Person?

THOMAS: Nein. Die Erde erwacht *durch* den menschlichen Geist. Du mußt dies von zwei unterschiedlichen Sichtweisen her verstehen: Wir haben eine Menschheit, die sich ihrer planetarischen Dimension, ihrer planetarischen Verantwortung bewußt wird, und auf diese Weise beginnt, die Erde mit Herz und Geist zu versehen. Aus der anderen Perspektive können wir sehen, wie durch einen selbst-bewußten Verstand der Planet als Ganzes erwacht – und diese Entfaltung geschieht durch die Menschheit.

KIM: Weiß das jeder?

THOMAS: Die heftige und schmerzhafte Verwirrung, die in dieser Zeit so viele von uns quält, ist Ausdruck eines gewissen Bewußtwerdens unserer Situation. Verzweiflung und Furcht sind die Mittel, mit denen viele Leute ihr bisher unterdrücktes Bewußtsein dafür bloßlegen, daß sich etwas von gewaltigen Ausmaßen auf der Erde ereignet.

KIM: Du sagst, wir sind dabei, das wissenschaftlich-technische Zeitalter hinter uns zu lassen. Was passiert dann mit Wissenschaft und Technik?

THOMAS: In der wissenschaftlich-technischen Ära haben wir in der Technologie eine Möglichkeit gesehen, das menschliche Schicksal zu verbessern. Wir haben die Wissenschaft verstanden als das gesammelte Wissen der Menschheit über das Universum. In der Ära der Erde jedoch werden wir lernen, beides als Aktivitäten der Erde selbst zu verstehen. Hunderte von Millionen Jahren bevor die Menschen auftauchten, gab es in der irdischen Pflanzenwelt Technologien und vergleichbare wissenschaftliche Kenntnisse im gesamten Reich der Biologie. Oder glaubst du etwa, daß die Wettervorhersage eine menschliche Erfindung ist? Wir werden begreifen lernen, daß Wissenschaft und Technik aufgekommen sind, um der Entfaltung der Erde zu dienen, um das Gesamtgefüge der irdischen Wirklichkeit voranzubringen – nicht etwa bloß, um uns zu dienen. Du siehst, die Menschheit ist eine Schöpfung innerhalb des Fortschritts der Erde; wir wurden geschaffen, um die gesamte Lebenswelt des Planeten mit unserer Wissenschaft, Technik und allem anderen zu bereichern.

KIM: Aber was kann ich dabei tun? Wie soll ich dabei von Nutzen sein?

THOMAS: Werd' nicht ungeduldig. Erst mußt du lernen. Noch vor ein paar Augenblicken war dir die Gegenwart der Ursprünge des Alls unbekannt. Hab' Geduld, denn auf dich wartet gewiß eine besondere Aufgabe. Oder hast du geglaubt, daß das Universum 20 Milliarden Jahre Arbeit investiert hätte, um dich zu erschaffen, wenn es nicht einen speziellen Auftrag gäbe, den du – und *nur* du – erfüllen kannst? Die in dir wohnenden schöpferischen Kräfte werden rechtzeitig für die Aufgabe zum Leben erweckt werden, für die sie geschaffen wurden.

KIM: Was für schöpferische Kräfte?

THOMAS: Das können wir nicht sagen, bevor sie sich nicht selber offenbaren. Nicht einmal du hast es bisher wissen können.

KIM: Aber woher kommen sie dann, wenn nicht mal ich weiß, was es ist?

THOMAS: Von dem Ort, von dem her alles kommt. Von demselben Ort, von dem der urzeitliche Feuerball stammt: ein Reich der Leere, eine geheimnisvoll geordnete Wirklichkeit, ein Nichts, das gleichzeitig die erste und letzte Quelle *aller* Dinge ist.

KIM: Moment mal...

THOMAS: Ich weiß schon, wie seltsam das klingt. Aber daran können wir kaum etwas ändern. Ich spreche hier von einem Phänomen, das jüngst erst empirisch festgestellt wurde. In der Sprache der Physik nennen wir es »Quantenfluktuation«. Elementarteilchen fluktuieren zwischen Sein und Nicht-Sein. Wirklich eine befremdliche Erkenntnis! Glaub' ja nicht, daß Physiker es damit leichter haben als du! Elementarteilchen schnellen ins Sein, dann verschwinden sie wieder. Ein Proton taucht auf einmal auf – woher kommt es? Wer hat es gemacht? Wie hat es sich so plötzlich in die Wirklichkeit geschlichen?

Wir sagen, es sei einfach aus dem Nichts herausgesprungen. Erst war da kein Teilchen, dann gab es eins. Ich rede hier nicht davon, wie Masse und Energie ineinander überführt werden können, ich spreche von etwas viel Geheimnisvollerem: Teilchen schäumen aus der absoluten Leere über ins Sein. Das ist einfach die Art und Weise, wie das Universum funktioniert. Wir müssen uns daran gewöhnen. Wir haben das nicht so eingerichtet; wir finden uns einfach darin vor. Wenn Elementarteilchen so entstehen, daß sie aus einem geheimnisvollen Reich heraushüpfen, dann ist das eben so.

Ich spreche vom »Nichts«, oder von der »Leere«. Doch das enthüllt bloß die Begrenztheit der Sprache. Wir nähern uns hier dem Letzten Geheimnis, etwas, das all unsere Versuche vereitelt, es zu untersuchen und zu erforschen. Erst gab es keinen Feuerball, dann brach er hervor. Das Universum brach hervor, alles Sein brach aus dem Nichtsein hervor, alles Lebendige brach hervor in lichtvolles Sein.

Ich möchte, daß du begreifst, daß diese völlige Leere dich durchdringt. Du bestehst mehr aus dieser fruchtbaren Leere als aus geschaffenen Teilchen. Wir können das überprüfen, indem wir eines unserer Atome anschauen. Wenn du ein einziges Atom nimmst und es auf die Ausmaße des Olympia-Stadions vergrößerst, würde es fast völlig aus leerem Raum bestehen. Das Zentrum des Atoms, der Kern, säße kleiner als ein Fußball mitten im Feld. Die äußeren Teile des Atoms wären winzige Mücken, die in einer Höhe herumschwirren, die keiner von Beckenbauers Schüssen je erreicht hat. Und zwischen dem Fußball und den Mücken? Nichts. Alles leer. Du bestehst mehr aus Leere als aus irgend etwas sonst. Wirklich, wenn man den ganzen leeren Raum aus dir herausnehmen würde, dann wärest du eine Million mal kleiner als das kleinste Sandkorn.

Aber es ist schön zu wissen, daß wir diese Leere sind, denn diese Leere ist gleichzeitig die Quelle allen Seins. Verstehst du?

KIM: Und auch das hat man gerade erst entdeckt?

THOMAS: Ja. Die fundamentale Entdeckung, daß und wie Elementarteilchen spontan ins Sein schnellen, wurde zu unseren Lebzeiten gemacht. All dies ist neu für den Wissenschaftsbetrieb und bricht mit Traditionen, die bis zu den Anfängen der Wissenschaft zurückreichen.

Aus anderer Sicht betrachtet, gelangen wir jedoch zu einem Verständnis, welches während der Zeit der klassischen Religionen der Menschheit hochgeschätzt wurde. Thomas von Aquin und Meister Eckhart erfaßten schon im Mittelalter intuitiv, daß die Leere die Quelle aller Dinge ist. Sie verstanden dieses Reich des Nicht-Zusammengesetzten als die äußerste Einfachheit der Gottheit. Diese Erkenntnis spiegelt sich auch in Lehre und Leben Buddhas wider, der erkannte, daß alle zusammengesetzten Dinge aus der Leere stammen und auch im Sein untrennbar mit der Leere verbunden sind.

KIM: Die Physik, das Christentum und der Buddhismus sagen alle dasselbe?

THOMAS: Das ist zu stark vereinfacht. Die Sache ist die: Die Geschichte der Schöpfung, wie sie sich in der Wissenschaft entfaltet, stellt den fundamentalen Kontext, den grundlegenden Schauplatz für alle Sinnfragen für alle Menschen der Erde. Zum erstenmal in der menschlichen Geschichte können wir in wesentlichen Dingen darin übereinstimmen, was wir über die Galaxien, Sterne, Planeten, Mineralien, Lebensformen und die Kulturen der Menschheit zu erzählen haben. Diese neue

Geschichte mindert nicht die spirituellen Überlieferungen der klassischen oder der Stammes-Zeitalter. Vielmehr bietet sie den geeigneten Rahmen für die Lehren aller Traditionen und zeigt die wahre Größe ihrer zentralen Wahrheiten.

Wir schmieden an einer Kosmologie, die die Menschheit als Spezies umarmt. Sie ignoriert die eigenen kulturellen Beiträge jedes Erdteils nicht, sondern verstärkt deren Unterschiede: Jede Tradition ist unersetzlich. Nicht eine von ihnen kann durch eine andere herabgesetzt werden; jede ist lebenswichtig für die zukünftige Arbeit. Jede Tradition wird in dieser alles umarmenden kosmischen Geschichte über die Maßen aufblühen, wenn sie mit den anderen in fruchtbare Interaktion tritt.

In den ersten Jahrhunderten der Moderne war eine solche Situation undenkbar. Zwischen modernen Erkenntniswegen und traditionellen Formen von Glaube und Leben bestand ein tiefer Antagonismus. Vielleicht war das notwendig; die Wissenschaft brauchte die strenge Isolation sowohl von den animistischen Vorstellungen der schamanischen Stammesgesellschaften als auch von den Kosmologien der klassischen Zivilisationen. Die wissenschaftliche Verständnisweise war zu neu und zu andersartig, um in die vorherigen Strukturen menschlichen Bewußtseins hineinzupassen; sie mußte ihre eigenen Gesetze, Vorgehensweisen und Versuchsanordnungen schaffen, ohne auf irgend etwas außerhalb ihrer selbst Bezug zu nehmen.

Das große Wunder ist, daß diese empirisch und rational orientierte Reise der Wissenschaft überhaupt mit spirituellen Traditionen in Berührung kommen konnte.

In unserem Jahrhundert aber war die Zeit reif dafür, daß die mechanistische Wissenschaft offen wurde für das Mysterium –

geradezu für eine Wissenschaft des Mysteriums: Sie mußte sich der Endgültigkeit des Nicht-Seins stellen, das zugleich ein Reich voll schöpferischer Potenz ist; sie begann zu begreifen, daß wir das Universum und die Erde als lebendige Wesen betrachten können; ihr wurde bewußt, daß der Mensch nicht für sich und isoliert in der Welt ist, sondern der gegenwärtige Höhepunkt einer Entwicklung, die seit Milliarden Jahren andauert – und sie erkannte, daß das Universum nicht einfach eine Anhäufung von Dingen ist, sondern uns umhüllt als *ein* Energiegeschehen, als eine sich vollständig, ganzheitlich und vielgestaltig ergießende Quelle des Seins.

Wir dürfen nicht vergessen, daß die Trennung zwischen Wissenschaft und Religion mannigfaches Leid verursacht hat. Wir haben einen enormen Preis bezahlt, um unser wissenschaftliches Vorgehen zu etablieren. Nur wenn wir das Leid im Gedächtnis behalten, das durch diese schizophrene Lage hervorgerufen wurde, können wir uns über das Erreichte freuen. Wir haben eine großartige neue Geschichte über das Universum zu erzählen, die alle bisherigen Beschreibungen der Wirklichkeit sprengt. Sie schließt alle Menschen mit ein, weil sie auf konkreter Erfahrung beruht. Und diese Geschichte ist noch im Werden – in und mit ihr können wir unsere Reise zu unserer letzten Bestimmung fortsetzen.

KIM: Was ist unsere letzte Bestimmung?

THOMAS: Liebe zu werden – in menschlicher Form.

KIM: Liebe? Ich dachte, wir reden über Wissenschaft und Religion. Und über die Leere.

THOMAS: Stimmt. Die Reise heraus aus der Leere erzeugt Liebe.

KIM: Das ist mir jetzt aber zu konfus.

THOMAS: Was genau?

KIM: Naja, das mit der Liebe. Was meinst du damit?

VERLOCKUNG

THOMAS: Um uns der Liebe zu nähern, müssen wir mit unserem kosmischen Umfeld beginnen, dem erwachenden Universum, in dem wir uns vorfinden. Dieses »Reich des Seins« ist letztlich unsere Heimat. Alle Lebewesen haben diese Heimat gemein, auch die Menschen. Wenn wir etwas erkennen wollen, müssen wir mit dem Kosmos beginnen, mit der Erde und mit den Lebensformen.

Liebe beginnt mit Verlockung – mit Anziehung. Stell dir den ganzen Kosmos vor, all die hundert Milliarden Galaxien, wie sie durch den Weltraum rasen: Auf dieser kosmischen Ebene ist die grundlegende Triebkraft die Anziehung, die jede Galaxis auf jede andere ausübt. In der gesamten Wissenschaft ist nichts mit größerer Aufmerksamkeit untersucht worden als diese grundlegende Anziehung aller Teile des Universums auf alle anderen.

KIM: Anziehungskraft ist dasselbe wie Liebe?

THOMAS: Laß uns damit anfangen: Auf der Ebene des Kosmos gibt es eine Anziehungskraft.

Kim: Ist das nicht eher Gravitation, Schwerkraft?

Thomas: Schwerkraft ist der Begriff, den die Wissenschaftler und wir alle heutzutage benutzen, um auf diese grundlegende Anziehung hinzuweisen. Hör' gut zu, damit dir der springende Punkt deutlich wird. Dreihundert Jahre lang hat man mit »Schwerkraft« die Newton'sche Gravitationslehre gemeint.

Dann brachte Einstein seine Relativitätstheorie über die Gravitation heraus, so daß heute die Wissenschaftler »Schwerkraft« im Sinne von Einsteins Theorie verstehen. Die schwierigen mathematischen Unterschiede zwischen Newtons und Einsteins Theorie sind entscheidend, doch beide waren Versuche, etwas Vernünftiges darüber auszusagen, warum Steine zu Boden fallen.

Vor – und nach – jeder Theorie bleibt jedoch als letztes Geheimnis, *daß* der Stein herunterfällt und die Erde sich dreht. Das Geheimnis bleibt, egal, was für intelligente Theorien wir entwickeln. Verstehst du?

Kim: Nein, eigentlich nicht.

Thomas: Gut. Wenn du einen Stein fallenläßt, warum bewegt er sich auf die Erde zu?

Kim: Wegen der Schwerkraft.

Thomas: Und was ist Schwerkraft?

Kim: Eine grundlegende Kraft. Sie zieht Dinge an.

Thomas: Und wer oder was *bewirkt* diese Anziehung?

Kim: Es gibt diese Anziehung einfach, das ist alles. Sie ist halt da.

THOMAS: Einverstanden – es gibt eine anziehende Macht. Diese aktiv anziehende Kraft ist ein grundsätzliches Geheimnis.

KIM: Aber eins, das wir verstehen.

THOMAS: Wir verstehen ein paar Einzelheiten, die die *Konsequenzen* dieser Anziehung betreffen, doch wir haben keine Ahnung von der aktiv anziehenden Kraft als solcher. Noch Jahre, nachdem Isaac Newton seine Gleichungen über das Universelle Gesetz der Schwerkraft niedergeschrieben hatte, stellte er sich laut die Frage: »Woher kommt es, daß die Sonne und die Planeten einander anziehen?« Wir können niemals in das »daß« dieser Anziehung eindringen noch verstehen, warum es überhaupt funktioniert.
Verstehst du, daß das Universum genausogut ganz anders hätte sein können? Daß es *keine* aktiv anziehende Kraft hätte geben müssen? Doch es ist eine Tatsache, daß unsere Galaxis, die Milchstraße, von jeder anderen Galaxis im Universum angezogen wird – und unser galaktisches System zieht jede andere Galaxis an. Diese aktiv anziehende Kraft ist eine staunenerregende und geheimnisvolle Tatsache des Seins – und ursprünglich. Wir wachen auf und entdecken, daß diese anlockende Kraft *die* grundlegende Wirklichkeit des Universums ist, auf jeden Fall im makrokosmischen Bereich.

KIM: Behauptest du, daß diese Anziehung dasselbe wie Liebe ist?

THOMAS: Das Problem mit dem Wort »Liebe« ist, daß es in neuerer Zeit kaputt gemacht worden ist. In den letzten Jahrhunderten war der grundsätzliche Bezug unserer Sprache die menschliche Welt. Wir haben versucht, in diesem rein am

Menschen orientierten Bezugsrahmen zu leben, und haben dadurch viele unserer Ideen und Begriffe zu Krüppeln gemacht. Wenn wir das Wort »Liebe« hören, denken wir ausschließlich an *menschliche* Liebe, also an eine sehr spezielle Form von Liebe. Daher behaupte ich mit Sicherheit auch nicht, daß Gravitation und menschliche Liebe dasselbe sind.

Was ich dagegen sagen *will*, ist dies: Wenn wir über Liebe in ihrer kosmischen Dimension nachdenken wollen, müssen wir mit dem Universum als Ganzem einsteigen. Wir müssen mit der Anziehung beginnen, die die gesamte Makrostruktur durchdringt. Genauer gesagt, spreche ich von der grundlegenden Bindungsenergie, die wir überall in der Wirklichkeit antreffen. Ich spreche von der ursprünglichen Verlockung, die jede Galaxis auf alle anderen Galaxien ausübt.

KIM: Und wie hängt das jetzt mit der menschlichen Liebe zusammen?

THOMAS: Sag mir, was du gern tust.

KIM: Musik hören.

THOMAS: Gut. Und jetzt paß' auf: Wir haben keine Erklärung dafür, was Musik mögen eigentlich bedeutet – wir haben einfach bestimmte Arten von Musik gern. Das Ursprüngliche ist die Anziehung. Du erwachst ins Leben und entdeckst, daß es diese Anziehung gibt. Ist jetzt klar, daß dein Angezogenwerden, dein Interesse und dein Vergnügen daran ein letztes Geheimnis sind?

KIM: Jetzt begreif' ich langsam.

THOMAS: Es gibt so viele Geräusche auf der Welt, und doch interessiert dich eine ganz besondere Art von Geräuschen am meisten. Warum sollte das so sein? Warum nicht irgendein anderes aus der unbegrenzten Anzahl der möglichen Geräusche? Und warum ausgerechnet Musik? Nun, das läßt sich nicht beantworten; genausowenig hat Newton je vorgegeben, er sei in der Lage zu begründen, warum die Sonne die Erde anzieht. Die eigenartigste Beobachtung ist die, daß diese anziehende Kraft den Kosmos auf allen Ebenen durchdringt. Diese Verlockung, die dich, jeden von uns und alle sonstigen Dinge durchdringt, ist ein grundsätzliches Geheimnis. Du interessierst dich für bestimmte Dinge, bestimmte Leute und bestimmte Tätigkeiten: für das Universum ist jede dieser Interessen genauso wesentlich wie die Anziehung, die unsere Erde für die Sonne empfindet, und die wir »Schwerkraft« nennen. Wir können nicht erklären, warum es diese Anziehungskräfte gibt, wir können ihrer nur bewußt werden. Drücke ich mich klar genug aus?

KIM: Ja, aber mir kommt es so vor, als ob wir das vielleicht *doch* erklären können. Ein Beispiel: Musik hören entspannt. Vielleicht haben die Menschen deswegen...

THOMAS: Als du das erste Mal Musik gehört hast, die dir wirklich gefiel, hast du da gedacht: »Das ist die Art Musik, die mich entspannen wird«?

KIM: Sicher nicht.

THOMAS: Du hast entdeckt, daß es dich zur Musik hingezogen hat, stimmt's? Das Erlebnis solch einer Verlockung ist die Wurzel der Liebe. Du wirst einfach von irgend etwas, irgend jemandem oder irgendeinem Geschehen angezogen. Du findest keine Begründung für diese Anziehung, bis sie passiert ist; erst *danach* produzierst du Begründungen. Die Erde überlegt sich nicht: »Ja, es wird sehr gut sein, wenn ich mich von der Sonne anziehen lasse. Dann können die Menschen ihren Tee besser warmhalten und Strom sparen« – die Erde wird einfach angezogen. Elektronen werden einfach angezogen. Die Milchstraße wird einfach angezogen. *Du* wirst einfach angezogen. Diese geheimnisvolle Anziehung, die wir »Interesse« oder »Faszination« nennen, ist genauso geheimnisvoll, genauso unbedingt wie die Verlockung, die wir »Gravitation« nennen.

KIM: Du behauptest also, jede Galaxis existiert innerhalb von Anziehungskräften, und dasselbe gilt auch für mich.

THOMAS: Das große Geheimnis ist, daß wir überhaupt an irgend etwas interessiert sind. Denke daran, wie interessant deine Freunde dir erschienen sind, als du ihnen zum ersten Mal begegnet bist. Warum sollte uns überhaupt irgend jemand auf der Welt interessieren? Warum erleben wir einander nicht als vollkommene und unerträgliche Langweiler? Warum ist der Kosmos nicht so beschaffen? Warum sterben wir nicht vor Langeweile an jedem Menschen, jedem Wald, jeder Symphonie, jeder Meeresküste, die es gibt? Die große Überraschung ist die Entdeckung, daß etwas oder jemand uns *überhaupt* interessiert. Hier fängt Liebe an. Liebe fängt an, wenn wir unser Interesse entdecken. Interesse zeigen heißt, sich verlieben. Fasziniert sein heißt, sich auf eine wilde Liebesgeschichte einzulassen – auf jedem Existenzniveau.

Dann entdecken wir nicht nur, *daß* wir interessiert sind, sondern auch, daß unsere Interessen ganz allein uns gehören. Das gilt für Sauerstoffatome, das gilt für Protonen. Ein Proton wird nur von bestimmten Partikeln angezogen. Auf einem unendlich komplexeren Niveau trifft dies auch für Menschen zu: Jeder von uns entdeckt einen bestimmten Bereich von

Verlockungen für sich, dessen Gesamtheit die jeweilige Persönlichkeit ausmacht. Die individuelle Bestimmung entfaltet sich gerade dort, wo jemand seinen eigenen Interessen, seinen eigenen Verlockungen folgt.

KIM: Das klingt aber ziemlich egoistisch. Wie passen die anderen da hinein?

THOMAS: Wenn du deinen Verlockungen folgst, hilfst du dabei, das Universum zusammenzubinden. Die Einheit der Welt ruht auf den Schultern gelebter Leidenschaft. Überrascht? Machen wir ein Experiment:
Stell dir alle Verlockungen vor, die das Universum erfüllen, gleich welcher Ordnung oder Komplexität: die Verlockung, die wir Gravitation nennen, die der elektromagnetischen Wechselwirkungen, der chemischen Anziehung, der biologischen und der menschlichen Sphäre. Und nun die Preisfrage: Wenn wir mit einem Fingerschnippen diese Verlockungen – die wir ja sowieso weder sehen, hören noch schmecken können – verschwinden lassen könnten, was würde passieren?
Erstens: Die Galaxien würden auseinanderbrechen. Die Sterne der Milchstraße würden in alle Richtungen entschweben, weil sie sich dann nicht mehr in galaktischem Tanz umarmen könnten. Die Spiralarme der Milchstraße würden verschwinden, wenn ihre Sterne auf chaotischen Wegen in den intergalaktischen Raum driften. Die einzelnen Sterne würden ebenfalls zerfallen, weil ihre Atome einander nicht mehr anziehen, sondern in alle Richtungen abwandern. Kein Druck wäre mehr da, um die Atomkerne zusammenzupressen, alle Kernfusionen kämen zum Erliegen. Die Sterne würden verlöschen.
Auch die Erde bräche auseinander; alle mineralischen und

chemischen Verbindungen würden sich auflösen, Berge würden verdampfen wie dicke schwarze Wolken unter der Mittagssonne. Und selbst wenn die physikalische Welt ihre Gestalt behalten würde – die Menschheit würde sich trotzdem zersetzen. Niemand würde morgens in die Arbeit gehen. Warum auch? Es gäbe nichts, was uns zur Arbeit ziehen würde, egal welche. Alle Aktivität würde zum Erliegen kommen. Sind die Wissenschaftler einst aus Interesse am Universum nächtelang wachgeblieben, um seine Geheimnisse zu ergründen? Nicht mehr länger. Sind Liebende des Nachts einander nachgelaufen, bereit, für ein romantisches Abenteuer alles andere aufzugeben? Niemals wieder.

Alles an Interesse, Bezauberung, Faszination, Geheimnisvollem, Wunderbarem würde wegfallen, und durch dessen Abwesenheit würden alle menschlichen Gruppierungen ihre verbindende Kraft verlieren. Galaxien wie Familien, Atome wie Ökosysteme – alles löst sich im Nu in Luft auf, wenn die Verlockung, die das All durchdringt, stillgelegt wird. Nichts mehr da. Keine Gemeinschaft irgendwelcher Art. Einfach nichts.

KIM: Das ist ja ein unglaubliches Experiment.

THOMAS: Es unterstreicht das wichtigste Ergebnis, das alle Verlockung hervorbringt: den beschwörenden Ruf nach Leben, das Schaffen von Gemeinschaft. Jede lebendige Gemeinschaft ist der Widerhall eines vorhergehenden geheimnisvollen lockenden Wirkens. Einverstanden? Verlockung ruft Sein und Leben hervor. Genau das *ist* Verlockung. Jetzt kannst du verstehen, was »Liebe« bedeutet: Der Begriff »Liebe« be*deutet* dieses lockende Wirken im Kosmos. Diese Urkraft erweckt die Gemeinschaften der Atome, Galaxien, Sterne, Familien, Nationen, Menschen, Ökosysteme, Ozeane und Sonnensysteme zum Leben. Liebe entfacht das Leben.

Stell sie dir vor, die Macht dieses lockenden Wirkens – diese Unermeßlichkeit! Wir bringen es ja kaum fertig, daß unsere *Autos* einigermaßen vernünftig über unseren Erdteil tuckern – was würden wir erst sagen, wenn wir die Aufgabe hätten, die Sterne dazu zu bringen, zu rotieren und sich um das galaktische Zentrum zu drehen? Oder wenn wir all die Wasserstoffatome zusammenhalten und in die Sonnen pferchen müßten? Wenn du dir die gigantischen galaktischen Arbeiten vor Augen führst, die das Universum jeden Augenblick verrichtet, dann wirst du die Pracht und Größe der Verlockung dieser kosmischen Liebe spüren. Dieselbe Verlockung treibt Liebende dazu, einander nächtens nachzulaufen; sie holt die Mutter auch zum dritten Mal aus dem Bett, um ihr krankes Kind zu trösten; sie bewegt Menschen dazu, ihr Leben lang zu lernen und sich zu entfalten. Wenn du den ersehnten Brief eines Freundes aufreißt, wird deine Hand von der gleichen Energie erregt, die unsere gewaltige Erde durch die dunkle Nacht hinein in die rosigen Farben der Morgendämmerung wirbelt.

KIM: Dann ist dieses lockende Wirken also »Liebe«?

THOMAS: Genau: das Wirken der Verlockung, das gleichzeitig das Leben entfacht und vermehrt.

KIM: Ist »verlocken« dasselbe wie »hervorrufen«?

THOMAS: Schau dir einen Stern an. Die Entwicklung einer Sonne zeigt klar, wie sehr Verlockung und Hervorrufen, Ins-Sein-Rufen eine einzige Dynamik sind.

Stell dir eine riesige dunkle Wolke von Wasserstoffatomen vor, über Millionen von Kilometern im Raum verteilt. Jedes dieser

Billionen und Aberbillionen Atome übt auf alle anderen eine lockende Wirkung aus und fängt langsam an, sich in Bewegung zu setzen. Ein gemeinsames Zentrum entsteht, und die Wasserstoffatome ballen sich zusammen. Durch den wachsenden Druck der Schwerkraft können die Wasserstoffatome zu Helium fusionieren, wobei sie ihre bisher verborgene Energie in einer verschwenderischen Fülle von Licht freisetzen, das in alle Richtungen ausstrahlt: der Kern der Sonne wird entfacht. All dieses Wirken ist ein Ergebnis der kosmischen Verlockung namens Gravitation. Zuerst hatten wir eine schwarze Wolke von Wasserstoffatomen, nun haben wir eine Sternenpracht, die durch den intergalaktischen Raum bis in die entferntesten Ausläufer des Weltalls strahlt. Wir hatten nur Wasserstoff, jetzt haben wir einen Stern. Siehst du? Die Verlockung der Schwerkraft rief den Stern hervor, rief ihn ins Sein. Die Wasserstoffatome antworteten auf diesen Lockruf und zeigten ihr tief in ihnen schlummerndes Potential als Elemente einer stürmischen Sonne. Nur im Antworten auf die Verlockung konnten diese Tiefen ans Licht gebracht und der Stern zum Leben erweckt werden.

KIM: Und das Gleiche gilt für die Menschen?

THOMAS: Ja, das Gleiche gilt für dich. Du weißt nicht, wozu du fähig bist, wer du in deiner tiefsten Bedeutung bist, welche Kräfte in dir schlummern. Alles existiert in der Leere deines Potentials, in einem Reich, das weder sichtbar, spürbar noch zu schmecken ist. Wie willst du diese Kräfte zum Leben erwecken? Wie willst du deine Kreativität wachrufen? Indem du auf die Verlockungen antwortest, die dir zuwinken, indem du deinen Interessen und Leidenschaften folgst. Verlockung zieht dich ins Leben, genau wie sie unseren Stern ins Leben gezogen hat. Unser Leben und unsere Macht kommt zum Vorschein, wenn wir auf diese Verlockung antworten.

KIM: Egal was für eine Verlockung?

THOMAS: Richtig.

KIM: Und was ist mit Shakespeare? Was würde die Beschäftigung mit Shakespeare hervorrufen?

THOMAS: Wenn du aufmerksam liest und dich von seinen Dramen in Bann schlagen läßt, wirst du Existenzmöglichkeiten entdecken, die du bisher nicht für möglich gehalten hast. Du wirst dabei einen Freiraum, eine Weite heraufbeschwören, in der die menschlichen Gefühle Raum zum Leben finden können. Tauche ein in das Leben seiner Theaterstücke, und eines Tages wirst du voller Verblüffung Gefühle in dir entdecken, die du zuvor nicht kanntest: Verständnis und Liebe für die *conditio humana*, für die Schwächen des menschlichen Willens, für die noble Geisteshaltung, die in jeder Generation zu Tage tritt, egal wie leidvoll und illusionslos die Umstände sein mögen.
Du hast nach den anderen gefragt, danach, wie sie hier hineinpassen. Verstehst du jetzt, wie? Eine Reise in die Werke Shakespeares macht dich fähig, dich tiefer in die komplexe Welt menschlicher Beziehungen hineinzubegeben. Du kannst diese Beziehungen tiefer und beständiger gestalten, gerade weil der ontologische Raum in dir durch die Sprache Shakespeares offener wurde. Du wirst Beziehungen auf eine sensiblere Weise eingehen, weil dein Bewußtsein sich erweitert hat. Die Welt wird dir mehr von sich zeigen; was früher unsichtbar war, wird dir nun gegenwärtig. Das meinen wir, wenn wir sagen, unser Leben ist aufgerüttelt, aktiviert, erweckt und hervorgerufen worden.

Verfolge diese Interessen weiter, dann wirst du merken, welche Ideen die Gesellschaften in England, im antiken Rom und im mittelalterlichen Italien geleitet haben; angeleitet zu einem Verständnis der Art und Weise, wie die Vergangenheit in unserer Gegenwart weiterlebt. Du lernst zu begreifen, wie die heutigen Verhaltensmuster durch die Geschichte der westlichen Welt geformt wurden. Du wirst die Komplexität der Welt auf eine Weise in dir tragen, wie sie deinem bisherigen Ich nicht vorstellbar war. Du wirst erkennen, daß du vom Leben in der Welt nicht abgekoppelt bist, auch nicht vom Ringen der Menschheit mitsamt ihren Schwierigkeiten rund um den Globus. Du wirst den ersten Schimmer einer vertieften Lebensweise sehen, bei der die Menschheit ihre ganze soziale Ordnung durch ein erhöhtes Bewußtsein für menschliches Mitgefühl zusammenbindet.

KIM: Meinst du das, wenn du sagst: ›Was unsichtbar war, wird nun sichtbar?‹ Ich will sagen: Alle diese feineren Möglichkeiten von Beziehung werden einem doch plötzlich bewußt, sind plötzlich da. Es ist schon irre, wenn ich mir vorstelle, wie die Welt sein würde, wenn Shakespeare oder die anderen Dichter gar nichts geschrieben hätten. Aber warum schreiben sie überhaupt? Ist das auch Verlockung – oder ist das was anderes?

Unsere Bestimmung
heisst
Verzauberung

THOMAS: Mit deiner Frage berühren wir die Wurzel allen Geheimnisses. Wir werden uns eines Universums bewußt, das voller Verlockung ist; und unser allererster Wunsch ist es, zu dieser Verlockung zu werden. Wir werden uns bewußt, daß dieses Universum von Faszination erfüllt wird – und unser dringendster Wunsch ist es dann, diese Faszination zu *werden*.

KIM: Versteh' ich nicht.

THOMAS: Bleiben wir bei Shakespeare. Sagen wir, du fühlst dich zu seinen Werken hingezogen. Durch diese Werke vertiefst du deinen Sinn für Gemeinschaft und machst dir die alten Römer auf neue Weise gegenwärtig und vertraut. Durch diese neu heraufbeschworenen schöpferischen Fähigkeiten der Wahrnehmung kannst du viel besser engere Beziehungen zu deinen Mitmenschen hier und heute knüpfen. Du lernst, die möglichen Gefühle anderer richtig einzuschätzen und ihre Motive zu erspüren. Auf diese Weise gehst du innerhalb menschlicher Gruppen komplexere Beziehungen ein, und alles, weil du Shakespeare gelesen und studiert hast. *Er* schrieb seine Stücke, und *du* trittst mit ihrer Hilfe tiefer ins Leben, ins Sein.

Merkst du nun, daß Shakespeare untrennbar mit Verlockung verknüpft ist? Erkennst du, daß seine Werke das Leben heraufbeschwören können?

KIM: Ich komme immer noch nicht ganz klar damit…

THOMAS: Deine Frage war: ›Warum hat Shakespeare überhaupt geschrieben?‹ Er schrieb, weil die Welt ihn verzaubert hat. Er schrieb, um das Erhabene und das Mitleiderregende, die Abgründe und die Schönheit einzufangen, die ihm das Leben darbot. Um das tun zu können, mußte er eins mit dieser Schönheit werden. Wie sonst können wir Empfindungen zum Ausdruck bringen, wenn nicht dadurch, daß wir uns ganz tief auf sie einlassen? Wie können wir das Geheimnis innerer Qual anders erfassen, als mit ihr eins zu werden? Sein Leben lang war Shakespeare überwältigt von der Majestät des Lebens, und beim Schreiben versuchte er, dieses Gefühl festzuhalten, seine Leidenschaft in symbolische Form zu gießen. Angelockt von der Intensität des Lebens, re-präsentierte er diese Intensität mit sprachlichen Mitteln. Und warum? Weil die Schönheit ihn überwältigte. Weil die Seele solche Empfindungen nicht einsperren kann. Shakespeare widmete sich dem Schreiben, weil er durch Schreiben andere so faszinieren konnte, wie ihn die Welt fasziniert hatte. Er konnte andere unterhalten, erstaunen, erfreuen und verzaubern – so wie die Welt ihn verzaubert hatte. Auf tausenderlei Arten ins Leben gelockt, zum Leben verlockt, ist er schließlich selbst zur Verlockung geworden. Überwältigt von der Faszination, die das menschliche Sein durchdringt, ist er seinerseits zur Faszination geworden.

KIM: Für Dichter trifft das natürlich zu, aber sonst…

THOMAS: Nein, nein, ganz und gar nicht. Schau dir Wissenschaftler an – Stephen Hawking fällt einem hier ein. Da ist ein Astrophysiker völlig fasziniert von dem urzeitlichen Feuerball, der ursprünglichen Singularität des Raum-Zeit-Kontinuums. Er verfolgt diesen Pfad weiter und entdeckt die Ordnung und die Schönheit, die Komplexität und die Einfachheit der allerersten Augenblicke des Universums. Was macht er nun? Er artikuliert seine Erkenntnisse in den beiden Sprachen Englisch und Mathematik. Er schafft eigene, großartige Sprachformen, um die Schönheit mit-teilen zu können, die er entdeckt hat, die Klarheit, die er gefunden, die Einsichten, die er gewonnen hat. In der Hoffnung, einiges davon einzufangen, verlockt er andere zu ähnlichen Momenten des Schauens, er fesselt ihr Denken und lenkt sie zu tieferem Verstehen und Empfinden des Universums. Die Schönheit seiner mathematischen Sprache ist genauso verlockend wie Shakespeares jambische Pentameter. Theoretische Physiker können der Verlockung in Hawkings Schöpfungen nicht widerstehen; seine Werke ergreifen von unserem Denken genauso machtvoll Besitz wie die von Shakespeare. Verstehst du, was ich sagen will?

KIM: Daß wir uns irgendwie der Faszination bewußt werden, und daß wir danach streben, selber Faszination zu werden.

THOMAS: Genau, wir werden uns der Faszination bewußt und streben danach, zu *faszinieren*. Wir arbeiten, um andere zu verzaubern. Wir arbeiten, um Leben zu entfachen, um Dasein hervorzurufen, um die Entfaltung des Lebens zu fördern. All das zusammen ist die Wirklichkeit von ›Liebe‹. Wir streben danach, zu faszinieren, damit wir etwas hervorrufen können, was andernfalls vielleicht vergehen würde. Doch das ist genau das, was Liebe tut: Liebe *ist* Aktivität, die ins Sein ruft und Leben fördert.

KIM: Ist das jetzt menschliche Liebe, die du beschreibst?

THOMAS: Nein, nein und nochmals nein. Du mußt lernen, diese Aktivität als grundlegend für das Universum zu begreifen. Nimm wieder den Stern. Im Kern eines Sterns entstehen Helium, Kohlenstoff, Sauerstoff, Silizium – alle Elemente bis hin zum Eisen werden in dieser lodernden Hitze geschaffen. Wenn ein Stern eine gewisse Größe hat, explodiert er nach Milliarden von Jahren. Dabei erschafft er alle übrigen Elemente und schickt sie hinaus ins All. Unser eigenes Sonnensystem entstand aus solch einer explodierenden Supernova, die die Planeten und ihre vielen Elemente schuf. Mineralien wie Lebensformen entstehen aus Supernovae, aus Sternenexplosionen.

Denk darüber nach! Wenn du Atem holst, atmest du die Schöpfungen eines Sterns ein. Alles, was du in deinem Leben lebst und erlebst, wird durch die Geschenke dieses Sterns ermöglicht. Dein Leben wurde durch himmlische Mächte hervorgerufen, merkst du es? Der Stern ist zum Leben erwacht, als er auf die Verlockung antwortete – und dann rief er selbst das Leben anderer hervor. Die Luft, die wir atmen, die Nahrung, die wir essen, die Moleküle, aus denen wir zusammengefügt sind: alles eine Schöpfung dieser Supernova.

Durch die Verlockung ins Sein gezogen werden – gebären – anderes Leben ins Sein ziehen: das ist die fundamentale Triebkraft des Kosmos. In diesem Licht können wir den Sinn des menschlichen Lebens und Strebens sehen. Die Abenteuer unseres Sterns erzählen die ganze Geschichte. Aus den Schöpfungen des Feuerballs geschaffen, entfaltet er seine eigene, intensive schöpferische Kraft, sendet seine eigenen Schöpfungen durch das ganze Universum und läßt dadurch neue Seinsordnungen entstehen. Er verausgabt sich für diese Aufgabe völlig – nach dieser enormen kreativen Leistung beendet er sein Sternenleben in einer gewaltigen Explosion. Jedoch – durch die Geschenke, die er erwies, wurde alles erst möglich: Elefanten, Flüsse, Adler, Eisberge, Badewannen voll Bier, Zebras, Elisabethanische Dramen, kurz: alles Leben auf der Erde. Das dynamische Prinzip der Liebe ist untrennbar mit dem Nachthimmel verbunden. Vom allerersten Moment seiner Existenz an.

KIM: Behauptest du, daß der Stern *weiß*, was er tut?

THOMAS: Nun, ja und nein. Aber laß uns einen Moment darüber nachdenken. Wir sind die Selbst-Betrachtung, die Selbst-Erkenntnis des Universums. Wir ermöglichen dem Kosmos, sich selbst zu spüren und wahrzunehmen. So wird sich das Universum seiner selbst durch eine Selbst-Erkenntnis bewußt, die sich im menschlichen Bewußtsein entfaltet. Wir wurden hervorgebracht, damit diese Erfahrungen von Schönheit die Stufe des Bewußtseins erreichen konnten. Der urzeitliche Feuerball existierte Milliarden Jahre ohne Selbst-Bewußtsein. Die schöpferische Arbeit der Supernovae geschah Milliarden Jahre ohne Selbst-Erkenntnis. Ein solcher Stern konnte nicht aus eigener Kraft ein reflexes Bewußtsein für seine Schönheit oder sein Opfer entwickeln – er kann jedoch durch uns über sich selbst reflektieren. In gewissem Sinne bist du der Stern. Schau dir deine Hand an: Beanspruchst du sie als dein Eigentum? Jedes Element wurde in Temperaturen geschmiedet, die millionenfach heißer sind als geschmolzenes

Gestein, jedes Atom wurde in lodernder Sternenhitze geformt. Deine Augen, dein Gehirn, deine Knochen – alles an dir ist aus Schöpfungen dieses Sterns zusammengefügt. Du *bist* dieser Stern, in eine Lebensform gebracht, die es dem Leben ermöglicht, sich selbst zu erkennen. So gesehen, stimmt es: Der Stern *weiß* um seine große Leistung, um seine Hingabe an die Verlockung, um seinen gewaltigen Beitrag an das Leben – aber nur durch seine nachfolgende Ausdrucksform, durch dich.

KIM: Dann wird sich der Stern jetzt gerade erst dessen bewußt, was er gemacht hat?

THOMAS: Ja, und zwar auf dieselbe Weise, wie dir Aspekte deiner selbst bewußt werden, die jahrelang unbewußt geblieben sind. Du hast Bilder von dir als Kind gesehen; wenn du sie dir anschaust, blickst du auf dich selbst. Jetzt wird sich das Baby seiner eigenen Schönheit bewußt. Bist du nicht die Weiterentwicklung dieses Babys? Schon, natürlich – und dennoch scheint das Baby irgendwie anders zu sein als du.
Genauso bei unserem Stern. Wir wissen, daß wir die Weiterentwicklung dieses Sternes sind; gleichzeitig wissen wir auch, daß wir uns irgendwie von ihm unterscheiden. Durch den menschlichen Geist gelangt der Stern zu einem Bewußtsein seiner Schönheit und seiner schöpferischen Arbeit.
Das Universum ist ein einziges, wenn auch vielgestaltiges Geschehen. Etwas, was davon losgelöst existiert, gibt es nicht. Alles, was es gibt, kam aus dem urzeitlichen Feuerball; und nichts kann diese ursprüngliche Verbindung zwischen allen Dingen im Universum aufheben, wie groß die Entfernung zwischen ihnen auch sein mag. Du, alles was du tust und werden wirst, sind weitere Ausdrucksformen des ursprünglichen Feuerballs.

Von je her sind die Menschen von genealogischen Aufzeichnungen fasziniert. Wir wollen wissen, woher wir kommen; wir erforschen die Geschichte, die schließlich bis zu *uns* führt. Aber nichts von all der genealogischen Forschung der gesamten Menschheitsgeschichte hätte uns für die Wahrheit vorbereiten können. Einige hundert, ja einige tausend Jahre Familienstammbaum sind gar nichts, denn unser gemeinsamer Stammbaum füllt das Universum. Zu unseren Verwandten gehören die lebendigen Gefährten der Erde, alle Planeten, alle Sterne, alle Galaxien. Alle miteinander verwandt, breiten wir uns durch den ganzen riesigen Kosmos aus, bis wir ihn von einem Ende bis zum anderen füllen.

Die Menschen des Mittelalters mit ihrer Reliquienverehrung hatten Richtiges im Sinn. Wenn sie einen Splitter des Kreuzes von Golgotha oder ein Gewand des Heiligen Franziskus aufspüren konnten, dann verehrten sie diese Gegenstände, weil sie Geschöpfen von außergewöhnlicher Bedeutung einst so nahe sein durften. Diese Haltung muß ausgeweitet werden. Unsere Verehrung für das Heilige muß sich ausdehnen, bis sie das gesamte numinose Universum umgreift. Was sind die Reliquien unserer Zeit? *Wir* sind die Reliquien; die Erde und alle Geschöpfe der Erde waren einst dort, im Kern der explodierenden Supernova. Wir waren in dem so weit entfernten, furchterregenden Hochofen des urzeitlichen Feuerballs. Allerdings nicht bloß als Zeugen, sondern in beiden Fällen als zentraler Bestandteil des Geschehens. Unsere Körper erinnern sich an dieses Ereignis, wenn sie angesichts der Majestät des Nachthimmels in Jubel geraten, gerade weil alle Dinge das Geschehene gemeinsam durchlitten haben. Unser Planet ist eine seltene, heilige Reliquie, Zeuge all dessen, was sich in 20 Milliarden Jahren kosmischer Entwicklung ereignet hat.

Wenn wir uns dieser einfachen Wahrheit tiefer bewußt werden, daß wir aufgrund der Kreativität der Sterne hier sind, empfinden wir neue Dankbarkeit. Wenn wir uns die Mühen klarmachen, die für unser Leben nötig waren, wallt ganz natürlich Ehrfurcht in uns auf. Dann, in den tiefsten Regionen unseres Herzens, beginnen wir, unsere eigene Kreativität in die Arme zu schließen. Was wir der Welt zu geben haben, ermöglicht anderen ein Leben in Freude. Welch tiefes Geheimnis…!

Denk darüber nach. Diese höchste Dynamik aus Liebe, Verlockung und Ruf nach Leben, die seit Beginn des Universums aktiv ist, wird sich nach Milliarden von Jahren ihrer selbst bewußt. Diese Verlockung, die Leben fördert und Sein schafft, erkennt sich selbst; die Magie, die Sein und Leben schuf, betrachtet nun ihr eigenes Geheimnis! Was für Geschöpfe, Lebewesen, Menschen werden uns nachfolgen, ins Leben treten und das große Geheimnis der Liebe ergreifen, gerade durch unser Tun?

Laß uns an dieser Stelle über Werte reden. Nicht über die Werte der modernen Gesellschaft, nicht die der Philosophen, nicht die der Börsenmakler: ich meine kosmische Werte. Was ist nun für den Kosmos von Wert? Was erachtet der Kosmos selbst, als die erhabenste Heimat aller Dinge, als wert-voll? Diejenigen, die sich der Pracht des Universums bewußt werden und Leben in anderen entfachen.

Sag mir: bist du dir dessen bewußt, daß du und nur du in der Lage dazu bist, das Leben in einer Weise voranzubringen, wie es niemand sonst im Universum kann?

Kim: Du hast von Shakespeare und diesem Astrophysiker gesprochen…

THOMAS: Mit ihnen hat meine Frage nichts zu tun! Das Universum würde sich nicht die Mühe machen, zwei Shakespeares hervorzubringen; das würde höchstens seine beschränkte Schöpfungskraft enthüllen. Das Äußerste Mysterium, aus dem alle Lebewesen ans Licht treten, bevorzugt Äußerste Extravaganz, jedes Sein glitzernd vor Jungfräulichkeit, ontologisch einmalig, unwiederholbar. Jedes Lebewesen wird gebraucht. Keines kann ausgeschieden oder ignoriert werden, denn keines ist überflüssig.

Bist du dir bewußt, auf welche Weise du die Macht hast, etwas ins Leben zu rufen? Diese Frage untersucht deine Bestimmung als schöpferische Quelle, deinen höchsten Wert. Um sie zu beantworten, mußt du tiefer in die Urkräfte des Universums eindringen; indem du in das Wirken der Liebe hineinreifst, förderst du gleichzeitig das Leben um dich herum.

KIM: Ich weiß gar nicht, wo ich überhaupt anfangen soll, darüber nachzudenken.

THOMAS: Beginne mit deinen Verlockungen und deinem eigenen Geflecht von Beziehungen. Deine Verlockungen ziehen dich in ein Handeln hinein, das um dich herum Leben hervorruft. Überall um dich herum gibt es Menschen und Geschöpfe, die zu einer größeren Vitalität erwachen, mit einem erneuerten Sinn für die Abenteuer des Lebens, wenn du nur deiner Bestimmung mit derselben extravaganten Hingabe folgst wie der Stern der seinen.

KIM: Ich soll wie ein Stern werden?

THOMAS: Was seine Art, der Verlockung zu folgen, angeht, ja. Ebenso in seinem vollständigen Vertieftsein in das, was gerade zu tun ist, in seiner Identifikation mit der Arbeit, Sein hervorzubringen. Es gibt so viele Lebewesen, mit denen du wetteifern kannst: die einfachsten prokaryotischen Organismen kämpften ohne Unterlaß, mit verblüffendem Erfolg, und veränderten ständig die Natur auf der Erde. Sie streiften vor 3 Milliarden Jahren durch das Leben und brüteten dabei diese machtvolle Saat aus, die wir Gene nennen. Wer sonst hätte die Gene erschaffen können, wenn nicht sie? Wir haben kein Talent für solche Aufgaben. Wir tragen ihre Errungenschaften in unserem Körper. All die Hunderttausende von Genen in uns, die zur Freude des Planeten solch funkelnde Schönheit schaffen, wurden uns von diesen primitiven Geschöpfen übergeben. Deine Dankbarkeit schließt sie mit ein. Dein Leben tritt durch ihre Kreativität ans Licht.

KIM: Aber die haben doch gar nicht gewußt, was sie taten. Ich sehe nicht ein, warum ich ihnen für ihr geistloses Verhalten dankbar sein soll.

THOMAS: Weißt du, was *du* tust?

KIM: Mehr als die.

THOMAS: Das wäre zu hoffen, allerdings. Sonst wäre ihre Arbeit vergebens gewesen. Aber weißt du, was du tust, wenn du Shakespeare faszinierend findest? Hast du, in einem kosmischen Sinn, überhaupt eine Ahnung, was da geschieht? Kannst du mir mit einfachen Worten erklären, warum die Menschen Berge so großartig finden, daß es ihnen die Sprache verschlägt, warum sie ihr Leben riskieren, um da oben auf diesen eckigen Granitflächen zu stehen?

KIM: Hm, nein. Nicht in einem tiefsten Sinn.

THOMAS: Dann hast du an derselben kosmischen Unwissenheit Anteil wie die Mikroorganismen, die die ›wissenden‹ Nukleotidsequenzen schufen, die wir Gene nennen. Weder du noch sie verstehen, warum der Kosmos vor Schönheit glänzen sollte, warum er uns zu höchsten Anstrengungen anspornt. Die einfache Wahrheit ist: Wir jagen der faszinierenden Schönheit nach, die uns umgibt. Kannst du mir erzählen, was aus deiner Kreativität und deiner Bestimmung werden wird? Natürlich nicht! Genausowenig konnten die Mikroorganismen die Zukunft vorhersagen oder in einem tiefsten Sinn von der Bedeutung ihrer Arbeit reden. Wir sind ihnen ähnlich in der Hoffnung, daß wir in den lebenschaffenden Strom eintauchen können, der die Erde erfüllt.

Wir jagen dem Leben nach und kämpfen darum, eins zu werden mit diesem verzaubernden Geheimnis, damit auch wir ebenso zum Leben beitragen können, wie sie es taten. Wir erdulden die vergänglichen Qualen des Lebens in der Hoffnung, daß auch wir, genau wie die Sterne und die Prokaryoten, in das Abenteuer des Kosmos eintreten und den Reichtum des Universums vermehren können.

KIM: Dann sag mir, wie ich lernen kann, Liebe zu werden!

THOMAS: Das ist die einfachste Sache des Universums! Du brauchst dich nur zu verlieben. Verliebe dich, so tief es geht. Auf diese Weise wird das Universum dein wichtigster Lehrer. Wir lernen, Liebe zu werden, indem wir uns verlieben; erst dann denken wir über diese Erfahrung nach und fragen, was wir daraus lernen können. Was das Universum hier tut, ist der *wirkliche* Unterricht! Ich spreche nicht von theoretischen, abstrakten Vorstellungen *über* die Liebe aus zweiter Hand, sondern vom Eintauchen *in* die Wirklichkeit und Wirksamkeit der Liebe. Erinnere dich, daß diese Sehnsucht, uns so der Liebe auszuliefern, das ganze Universum durchdringt. Wir sind in die Liebe eingeweiht, wenn wir wie Liebende dem Zauber dieser Jagdleidenschaft erliegen. Wenn dieser Einweihungsprozeß nicht abgebrochen wird, lange anhält und sich gerade auch von Zweifel und Leid erfüllen läßt, findet das Gelernte in uns einen tiefen Halt.

KIM: Warum ist das so?

THOMAS: Der *langsame Schüler* hat so viel mehr Gelegenheiten, das Spiel der Liebe wirken zu sehen. Sollte er der starrköpfigste Mensch der Weltgeschichte sein, so gibt die Liebe ihm die Chance zu sehen, wie gerissen Liebe sein kann, um den Panzer seines Wesens zu durchdringen. Wenn unser halsstarriger Mensch sich letztendlich dann doch verliebt, wird er verstehen, welche Anstrengungen das Universum auf sich nahm, um ihn schließlich zu gewinnen. Er weiß nun etwas von der subtilen Kunst der Liebe: wie vielgestaltig, wie unermüdlich, wie zuversichtlich, wie intelligent, wie treu, wie grenzenlos, wie glutvoll, wie einend, wie unwiderstehlich Liebe sein kann. Solche Starrköpfe werden die größten Liebhaber der Welt, denn sie mußten durch einen Einweihungsprozeß gewonnen werden, der der Liebe viel Findigkeit abverlangte; sie beherrschen dann die Kunst, andere in die Freude des Lebens zu ziehen, genauso unwiderstehlich und intelligent wie die Liebe selbst.

KIM: Aber das ist so idealistisch. Ich meine, prima, mir gefällt's, aber ich weiß, was mein Vater dazu sagen würde: Das hat nichts mit der wirklichen Welt zu tun, mit der Geschäftswelt und dem allen. Er ist Buchhalter. Wie paßt irgend etwas von alldem auf einen Buchhalter?

Thomas: Während der letzten paar Jahrhunderte haben wir versucht, das Menschliche als einzigen Ort von und mit Bedeutung zu verstehen. Dadurch haben wir unsere Sprache ruiniert, wie wir allein schon an dem Wort »Buchhalter« erkennen können. Wir sehen in einem Buchhalter jemanden, der die Bücher eines Unternehmens führt, stets über Umsatz und Lagerbestand auf dem laufenden ist und über die Bilanzen wacht. Innerhalb dieser kleinen Welt ist es schwierig, wenn nicht unmöglich, zu spüren, wie sehr dieses Ich, die Erde und der Kosmos miteinander verbunden sind. Um deine Frage nach dem Wirken der Liebe im Beruf des Buchhalters zu beantworten, müssen wir daher die ganze Geschichte des Kosmos erzählen.

Um damit anzufangen: Die Erde ist ein Unternehmen. Sie ist das erste und wichtigste Unternehmen. Jedes von Menschen geschaffene Unternehmen muß sich in das größere Unternehmen Erde einfügen; wenn die Erde bankrott geht, ist auch alles andere ruiniert. Darüber hinaus besitzt die Erde ihr eigenes Buchhaltungssystem, das viel scharfsinniger und überzeugender ist als das menschliche System der Gewinn-und-Verlustrechnungen. Die Erde ist über jeden noch so winzigen Energieaustausch auf dem laufenden. Die Bücher der Erde erinnern sich an alle verwendeten Materialien und jede Verschwendung, jeden Abfall bei der Produktion. Es gibt keinen Teppich, unter den man etwas kehren könnte: Alles wird gezählt und in die natürlichen Rechnungsbücher der Erde eingetragen. Die Frage ist nun die: Welche Rolle spielt ein Buchhalter bei einem menschlichen Unternehmen, wenn dieser größere Kontext berücksichtigt wird?

Stell dir eine Firma vor, die alle möglichen Schuhe herstellt. Zu Beginn würde ein Buchhalter sich klarmachen, daß die Erde alles zur Verfügung stellt, was für die Produktion gebraucht wird. Das Leder erzeugen die Tiere, die Farbe stammt aus der Welt der Mineralien; Sonne und Pflanzen sorgen für die Energie, und der Mensch stellt das Know-How, mit dem alles verknüpft wird. Sogar für die Motivation sorgt die Erde: Die Handwerker brennen darauf, ihre Fähigkeiten zu erproben, und ganz allgemein haben die Menschen eine tiefe Sehnsucht, sich nützlich zu machen und einer Gemeinschaft anzugehören, die von beständigen gegenseitigen Beziehungen geprägt ist.

Buchhalter würden sehen, daß sie an diesem Prozeß ganz wesentlich beteiligt sind. Sie fördern den Prozeß des Lebens, indem sie Verfahren entwickeln, die es den Gaben aus dem Tierreich, der Sphäre der Mineralien und der Menschenwelt ermöglichen, sich darzubieten. Wenn das Unternehmen gut organisiert ist, wächst bei allen die Freude: Den einen macht es einfach Freude, Schuhe von so guter Qualität zu tragen, und alle Schuhmacher freuen sich darüber, daß ihr Leben damit einen tieferen Sinn gewinnt. In den Unternehmen der Zukunft werden die Buchhalter eine neue Freude entdecken, wenn sie bemerken, wie ihre Arbeit eine ganze Biosphäre gedeihen läßt. Die gesamte Lebenskraft der betreffenden Region der Erde wird eher gesteigert als herabgesetzt werden, wenn das Unternehmen mit Meer, Sonnenlicht, Luft, Lebensformen und Erdboden in Wechselwirkung tritt. Zur Freude der Menschen kommt also noch die Freude der Fische, der Gräser und der Lebensgemeinschaften in der Erde hinzu, und all dies ist die Weise, auf die ein Buchhalter – oder jemand aus der Unternehmensleitung – in die Dynamik der Liebe eintritt.

KIM: Ich verstehe. Das ist ein anderer Weg, um...

Thomas: Wenn du die Geschichte des Universums als deinen Ausgangspunkt und Bezugsrahmen nimmst, sind immer alle deine Gedanken und Handlungen ›anders‹ als sonst.

Kim: Es geht also nicht nur um Buchhalter.

Thomas: Jeder Beruf, jede Arbeit, alles Tun und Treiben der menschlichen Welt erhält seine essentielle Bedeutung durch den Kontext der kosmischen Geschichte.

Kim: Und alles ist schiefgelaufen. Wir können doch jederzeit die Erde in die Luft jagen. Warum ist alles so böse? Warum sind wir so gewalttätig? Warum können wir das Leid hier überall nicht einfach vermeiden? Wissen die Leute nichts von all dem Zeug, das du erzählst? Oder ist es etwas anderes?

DAS BÖSE?
AUS KOSMISCHEM WAGNIS!

THOMAS: Als erstes mußt du verstehen, daß die Menschen nicht die einzigen sind, die Leid erdulden müssen. Ebensowenig sind die Menschen die einzigen, die gewalttätig sind. Wir leben in einem gewalttätigen Universum. Gewalt erfüllt den Kosmos in verschiedenen Formen, und menschliche Gewalt ist nur eine davon. Gewalt ist eine universale, nicht aber die dominierende Wirklichkeit des Universums. Das große Geheimnis ist nicht die Gewalt, sondern die Schönheit. Wir bemerken die Gewalt und sind umsomehr überrascht, daß es überhaupt irgendwo solch eine Anmut und Schönheit gibt.

KIM: Aber woher *kommt* die Gewalt?

THOMAS: Das Zerstörerische hat seine Wurzeln in der Verlockung, die das Universum durchdringt. Verlockung ist die Quelle jeglicher Aktivität, sogar der zerstörerischen. Der Stern zerstört sich selbst, wenn er auf die Verlockung antwortet. Niemand kommt von außen, um den Stern zu vernichten. Der Stern implodiert und zerschmettert sich selbst in Billionen Teile – seine Reise ist zu Ende. Oder stell dir die Gewalt zweier

Sterne vor, die durch die gegenseitige Anziehung zusammenprallen. Das Feuer würde sich über Millionen von Kilometern in jede Richtung ergießen. Erschreckend, diese Gewalt! – Aber trotzdem sehen wir auch die Anmut von Hunderten von Milliarden Sternen, wie sie im galaktischen Tanz herumwirbeln.

Das Reich der Biologie kennt alle Arten von Gewalt. Derselbe Drang, der den Löwen zum Fluß ans Wasser treibt, treibt ihn weiter, das Gnu zu töten. Insekten sind so versessen darauf sich auszubreiten und die Welt zu erobern, daß sie ihre eigenen Eltern fressen, wenn sie keine andere Nahrung finden können. Die Faszination durch das Leben, das Entzücken, ein lebendiges Wesen zu sein, die Schönheit der Welt ringsum – all dies treibt die Geschöpfe zu Gewalttaten und zur Zerstörung von Leben; aber welch eine Schönheit erblüht nun nach vier Millionen Jahren auf der Erde! Die Welt der Natur steckt voller Gefahren, in ihr wimmelt es von ständiger Herausforderung, Aufregung, Gewalt, Risiken und Schrecken, doch daraus entsteht das Wunder dieser Erde.

Mit dem Menschen hat eine neue Qualität von Gewalt das System Erde betreten, eine Gewalt, die aus der Fähigkeit der Selbstreflexion kommt. Dieses neue Bewußtsein ist sowohl ein Wagnis als auch eine Errungenschaft im Prozeß des Lebens. In gewissem Sinn hat die Erde sich selbst eine Wunde zugefügt, als sie sich auf selbst-reflexive Empfindungsfähigkeit einließ: da erschienen neue schöpferische Mächte, neue Gefahren der Zerstörung. Die Frage, die heute über dem Sonnensystem schwebt, lautet: Wird die Erde einen Nutzen für ihre Schönheit daraus ziehen können, daß sie das Risiko menschlichen Selbst-Bewußtseins einging? Oder wird die Erde neue Gewalt erleiden, die sie dauerhaft zum Krüppel macht?

Wir sehen die einzigartige Schönheit, die in der kosmischen und der irdischen Sphäre durch Gewalt erreicht worden ist. Allerdings wissen wir nicht, ob dasselbe auch in der Welt des Menschen der Fall sein wird. In der Tat haben in den Jahrtausenden der Zivilisation die Menschen selten innegehalten und ernsthaft darüber nachgedacht, ob wir eine wohltuende Ergänzung des irdischen Systems sind oder nicht. Egozentrisch wie wir sind, konzentrieren wir uns auf unser eigenes Überleben und die Erkundung unserer angeborenen Kräfte. Wir haben nie eine größere Perspektive entwickelt, mit der wir unser Handeln bewerten könnten, eine Perspektive, die die Sterne, Planeten und alle anderen Lebensformen mit eingeschlossen hätte. Dieses beschränkte Weltbild ist genau das, was uns als Spezies in den Ruin treibt.

Wenn wir einen größeren Gesichtskreis erlangen wollen, müssen wir uns die Geschichte der Erde in den letzten, sagen wir, zehn Millionen Jahren ansehen. Die ersten Menschenformen betraten das Leben auf der Erde vor vielleicht dreieinhalb Millionen Jahren; einige Wissenschaftler verlegen dieses Datum sogar noch weiter zurück. Was wir heute wissen, ist dies: Während der letzten 10 Millionen Jahre entwickelte sich, obwohl viele Arten ausgestorben sind, dennoch eine immer größere Anzahl von Arten. Die natürliche Fruchtbarkeit der Erde fügt der gesamten Fülle und Mannigfaltigkeit des Lebens immer noch größere Vielfalt hinzu.

Diese Situation eines sich stets selbst erneuernden Lebenssystems wurde durch das Auftreten der Menschheit und ihrer Technologie in ihr Gegenteil verkehrt. Wir haben die Ausrottungsgeschwindigkeit um ein Vielfaches beschleunigt. Die besten Schätzungen zeigen uns an, daß die Erde alle zwanzig Minuten eine Spezies verliert. In den nächsten 15 Jahren werden wir mindestens eine halbe Million Arten verlieren. Niemand wagt vorauszusagen, was das für die gesamte Lebenskraft des Systems Erde bedeuten wird, aber eine Schlußfolgerung ist unausweichlich: in unserer menschlichen Kurzsichtigkeit richten wir die irdischen Lebensformen übel zu. Ein Atomkrieg würde die globale Flut der Zerstörung durch chemische Vergiftung nur vollenden, die auf allen Kontinenten schon in voller Fahrt ist.

Kann die Erde unsere Gewalt aushalten? Kann aus den Ruinen, die wir hinterlassen, große Schönheit wachsen? Bei dieser Frage muß man wissen, daß die Kreativität der Erde zeitgebunden ist. Die Erde war einmal in der Lage, Leben zu schaffen, doch diese Zeit ist vorbei. Die ersten Lebensformen haben gerade die Umweltbedingungen aufgezehrt, die die Entstehung des Lebens ermöglicht hatten. Die Fruchtbarkeit der Erde ist heute anders. Wenn die höheren Lebensformen vergehen, können sie nicht noch einmal erschaffen werden. Wenn Lebensformen verschwinden, verschwinden sie für immer. Die Situation ist vergleichbar mit einem kleinen Kind, das außerhalb menschlicher Sprachgemeinschaft aufwächst: Nach den ersten paar Lebensjahren wird das Kind *nie mehr* dazu in der Lage sein, sprechen zu lernen. Die neurophysiologischen Verbindungen, die als Träger der Sprachfunktionen nötig sind, bestehen nur während der ersten paar Lebensjahre, dann verschwinden sie. Wenn Sprache sich bis dahin nicht entwickeln konnte, kann sie auch in Zukunft nicht entstehen.

Kim: Aber die Erde könnte doch *irgendwas* tun, oder?

Thomas: Auf irgendeiner Ebene wird die Erde weitermachen, egal was die Menschen tun. Aber wenn wir unseren chemischen und atomaren Sturmangriff auf den Planeten fortsetzen,

werden alle zukünftigen Möglichkeiten sehr stark einge-
schränkt. Von Rembrandt zu erwarten, daß er ein neues Bild
malt, ist schön und gut; aber wenn du ihm vorher ein Auge und
große Teile seines Gehirns ausreißt, mußt du auch akzeptieren, was er dir mit seinen beschnittenen Fähigkeiten nun noch
geben kann.

Wir ertränken alle Lebensformen in Gift, machen Flüsse zu
tödlichen Kloaken und schleudern Millionen Tonnen schädli-
cher Gase in das Atmungssystem der Erde. Wir bilden uns viel
auf unsere Naturwissenschaften ein – und haben immer noch
nicht wirklich erkannt, daß Babys nicht vom Storch gebracht
werden. Es ist eine simple und empirische Tatsache, daß Babys
jeder Spezies aus Erdboden, Luft, Regen, Nahrung und Flüssen
geschaffen werden. Wenn wir dies alles in Gift verwandeln,
müssen wir die Tatsache akzeptieren, daß wir unsere Ungeborenen genauso vergiften. Welche Materialien werden denn für
ihre Arme verwendet werden, wenn nicht die Mineralien der
vergifteten Kontinente? Aus welchem Stoff werden dann ihre
Augen gebildet, wenn nicht aus dem Wasser unserer vergifteten Flüsse? Woraus werden die feuchten, fleischigen Gehirne
modelliert, außer aus schädlichen Gasen und Saurem Regen?
Die Zahl ernster Geburtsfehler hat sich allein in der menschlichen Welt in den letzten beiden Jahrzehnten schon verdoppelt.

Um die Leistungen der Menschheit zu bewerten, könnten wir
demokratisch abstimmen lassen. Wir wollen nicht chauvini-
stisch sein, lassen wir *jeden* abstimmen. Gegenwärtig leben
zehn Millionen Arten auf unserem Planeten. Wenn wir die
Vereinigte Konferenz der Arten einberufen und jede Spezies
mit einer Stimme vertreten ist, wird folgende Frage auf dem
Prüfstand stehen: »Soll die menschliche Spezies weiterhin im
Lebenssystem der Erde bleiben dürfen?« Stell dir die Debatte

vor. Unser einziger Vertreter würde versuchen, die anderen 9 999 999 davon zu überzeugen, daß die Gattung Mensch in der Tat erhaltenswert wäre. Vielleicht würde unser Vertreter die Dichtkunst erwähnen. Vielleicht religiöse, wissenschaftliche oder künstlerische Schöpfungen von Rang. Nun stell dir mal die anderen Arten vor, wie sie um den großen Tisch herumsitzen und diese Beiträge abwägen gegen all die weltvernichtenden Gifte, die der Mensch auf jeden Kontinent gesät, in jeden Ozean gesenkt und in den Himmel katapultiert hat.

KIM: Aber warum? Warum gab es diesen sprunghaften Anstieg der Gewalt durch uns? Warum konnten wir uns nicht auf dieselbe Weise einfügen wie die anderen Arten?

THOMAS: Das ist die Gefahr des selbst-reflexiven Bewußtseins; das habe ich gemeint, als ich sagte, die Erde habe sich eine Wunde zugefügt, als sie der Selbstreflexion gestattete, zu entstehen. Der Mensch ist gerade deswegen gefährlich, weil das Universum so erhaben ist. Hier ist die entscheidende Frage: »Kann der Kosmos die Schau seiner eigenen Schönheit überleben?« Kann die Erde weiterhin Schönheit erschaffen, jetzt, wo sie einmal einen Spiegel dieser Schönheit geschaffen hat? Kann die Erde weiterhin ihre Entfaltung organisieren, jetzt, wo die Tiefe ihres Eros, die Freude über ihre Anmut einmal geschmeckt wurde?
Die Menschen erreichen Grade erotischer Intensität, die überall in der Natur vorhanden sind, doch mit dem entscheidenden Unterschied der Selbstreflexion. In der Sexualität ist die Situation klar. Tiere erlangen die Freuden sexueller Intimität nur in der Zeit, in der das Weibchen empfangen kann. Beim Rotfuchs dauert dies weniger als eine einzige Woche im Februar. Beim Palolowurm ist die Paarungszeit auf eine bestimmte Zeit eines

einzigen Tages im Jahr begrenzt. Menschen jedoch können ein ganzes Leben dem Streben nach den Freuden der Sexualität widmen. Zugleich mit der Empfindung dieser Freude werden sich die Menschen *bewußt*, daß sie sie empfinden. Und das ist das Wagnis, das die Erde eingegangen ist.

Und warum? Damit die verborgenen Regionen des irdischen Geschehens erforscht, erspürt und geschmeckt werden können. Mehr noch als die großen Wale sind die Menschen Geschöpfe der Tiefe: der Tiefe aller Dinge. Wir sind der Raum, in dem das Universum auf eine neue und intensive Art verehrt werden kann. Daher bleibt die Frage: Kann diese Üppigkeit in menschlichen Gefäßen gedeihen? Kann die Verlockung das Wissen um ihr eigenes Wesen ertragen? Oder werden die Spannungen, die dadurch verursacht werden, jedes bewußte Selbst zerschmettern?

KIM: Du behauptest, daß Schönheit und Verlockung die Wurzel aller bösen Taten ist?

THOMAS: Ja.

KIM: Aber was ist mit den Atomwaffen und der Möglichkeit eines Atomkriegs? Wie kann das ein Ergebnis...

THOMAS: Atomwaffen würde es nicht geben, wenn nicht Wissenschaftler und Techniker vom Kosmos fasziniert gewesen und von der Möglichkeit überwältigt worden wären, in die tiefsten Sphären der Wirklichkeit einzudringen. Der Gedanke, die fürchterlichsten Quellen aller Kräfte anzuzapfen, ist für das menschliche Denken unwiderstehlich. Diese Faszination ist die Wurzel unserer Hingabe an die Erschaffung thermonuklearer Einrichtungen. Natürlich ist es nicht das allein. Unsere politischen Überzeugungen sind ebenso das Ergebnis der Verlockung. Sowjetische Bürger wurden vom Traum eines Arbeiterstaates und einer klassenlosen Gesellschaft angezogen, genau wie amerikanische Bürger vom Traum eines freien Unternehmertums, in dem jeder in Wohlstand lebt. Beide Nationen waren hingerissen und verlockt von diesen Visionen und konstruierten aus diesen Bindungen heraus solch groteske Waffen.

Kim: Dann sag mir, was dabei schiefläuft.

Thomas: Der Mensch verfällt der Schönheit nur zu leicht, schon einer dunklen Vision von Schönheit, und wir können diese Sucht nicht durchbrechen. Unsere landwirtschaftlichen Verfahren vergiften unser Wasser und zerstören jedes Jahr vier Milliarden Tonnen Ackerboden, und dennoch hören wir nicht auf damit. Wir sind gefangen in unserem konsumorientierten Lebensstil, süchtig, und offensichtlich läßt sich das nicht durchbrechen. Wir sind unfähig, unseren schlichtweg traurigen Lebensstil zu erkennen, weil wir unseren Süchten verfallen sind; wir stopfen unsere Wohnungen, Häuser und Garagen voll; und wir machen damit weiter, unbeeindruckt von dem Rauch, der über den ausgebrannten Leibern aus fünfzig anderen Nationen und einer Million anderer Arten aufsteigt. Das amerikanische Denken erinnert an ein mit nutzlosem Schrott vollgestopftes Handschuhfach: Der ganze Schrott interessiert uns nicht, bis wir auf den Gedanken kommen, das Fach auszuräumen. Und selbst wenn wir uns fragen, warum wir unser Leben so unnötig vollstopfen und nicht fähig sind, uns von all dem zu trennen, quetschen wir alles einfach nur zurück an seinen Platz.

Der einzige Weg, eine Sucht zu durchbrechen, ist, aus einer beschränkten Weltsicht auszubrechen. Auszubrechen aus dem Egozentrismus. Auszubrechen aus dem Ethnozentrismus. Auszubrechen aus dem Anthropozentrismus. Mach dir die Sichtweise zu eigen, die die Erde als Ganzes besitzt. Schließe in jede Faszination, in jede Verlockung die Vitalität der Erde mit ein. Auch du bist die Erde! Die Erde ist nichts anderes als du. Dieser Planet blühte Millionen von Jahren und gelangte bis zu der unglaublichen Leistung der Selbst-Reflexion. Die Erde hat sich damit selbst übertroffen, sie erbebte vor Freude bei dem Gedanken daran, daß sie ein Geschöpf beherbergt, durch das ihre Tiefe, ihre Schönheit, ihre Majestät mit neuer Intensität gefeiert werden kann. Stell dir ihr Befremden vor, als sie sah, wie eigensüchtig wir versuchen, die Erde in einen Wegwerf-Kitsch zu verwandeln, dessen größter Teil für alle anderen Lebensformen schädlich ist. Stell dir den krankhaften Übermut einer Zivilisation vor, die all dies Zeug anhäuft, anstatt in die Freude hineinzutauchen, die über Milliarden Jahre hinweg vorbereitet worden ist.

KIM: Warum hat die Erde denn keine Menschen hervorgebracht, die ohne unsere Schuldhaftigkeit zur Welt kommen? Du sagst, daß unser Denken auf kleine Ausschnitte fixiert ist, daß wir das Ganze, die Erde, vergessen, und daß wir suchtabhängig sind. Warum hat die Erde diese Zerstörung, die wir ihr zufügen, nicht einfach vermieden?

THOMAS: Unsere Aufgabe ist es, die Tiefen des Universums zu erforschen, sie zu feiern und uns an ihnen zu freuen. Sich an diese Arbeit zu machen, bringt oft ungeheures Leid mit sich. Du fragst: »Warum können wir nicht von unserer Bestimmung freigesprochen werden?« Wir können von dieser Aufgabe nur freigesprochen werden, wenn eine andere Spezies sie für uns erfüllt. Gefällt dir diese Alternative? Daß jemand anderes die Aufgabe des Menschen erledigt? Daß wir plötzlich gar keine

Bedeutung, keinen Wert mehr haben für das Ganze? Warum würde sich in diesem Fall das Universum überhaupt mit uns abplagen? Wir hätten nichts beizutragen. Wir wären bestenfalls lästige blinde Passagiere auf der Großen Kosmischen Reise.

KIM: Dann erklär mir bitte, wie ich eine Verlockung, die zum Schönen führt, von der unterscheiden kann, die das nicht tut! Ich meine, nimm einmal an, ich habe überhaupt kein Interesse daran, Konsumartikel anzuhäufen, oder Aktien, Wertpapiere und Bankkonten...

THOMAS: Es gibt hier keine Regel, die man in das Korsett der Sprache zwängen und unabhängig von einer konkreten Situation anwenden kann. Die Wirklichkeit ist zu komplex, zu subtil, zu geheimnisvoll, als daß sie sich unseren Versuchen unterwerfen würde, sie auf die eine oder andere Weise zu beherrschen. Die Erkenntnis, daß jemand der Tiefe antwortet, ist genauso eine subtile Errungenschaft wie die Fähigkeit, auf das Licht des urzeitlichen Feuerballs zu reagieren.
Es gibt einige zentrale Aussagen, die uns bei unseren Überlegungen helfen können. Du kannst dein eigenes Ich und dein eigenes Leben mit folgender Frage prüfen: »Möchte ich *Freude haben*? Oder möchte ich lieber *zur Freude werden*?« Die Forderung nach dem »Haben«, dem Besitzen, entlarvt immer ein Element der Unreife. Halten, behalten, beherrschen, besitzen – all dies ist eine fundamentale Selbsttäuschung, denn unser ehrlichster Wunsch ist es, *zu sein* und *zu leben*. Zeichen wirklicher Reife ist es, wenn wir erkennen, daß es unser tiefster Wunsch in der erotischen Anziehung ist, für und mit unserem Geliebten zur Freude zu werden, uns so ekstatisch in die Freude hineinzugeben, daß Freude schenken und Freude

empfangen zu einer einzigen Handlung verschmelzen. Unsere reifste Hoffnung ist die, daß wir gleichzeitig zu einem Quell der Freude und zu einer Heimat der Freude werden. So ist es mit allen Verlockungen des Lebens: Wir werden selbst zur Schönheit, um in anderen die Schönheit zu entfachen.

Die Geschichte des Lebens läßt sich als Schöpfung immer sensiblerer Geschöpfe in einem Universum verstehen, in dem es ständig neue Dimensionen von Schönheit zu fühlen und zu schmecken gibt. Auch dich selbst kannst du so sehen: als höchste Sensibilität, umgeben von Herrlichkeit.

Das Paradoxe daran ist: Je größer deine Sensibilität, desto unerträglicher wird die Spannung. Es ist viel einfacher, sich nur an *eine* dieser Verlockungen dranzuhängen und sie für das Ganze zu halten. Jeder, der sich solch einen Splitter der Schönheit schnappt und darauf besteht, daß dieser das Ganze ist, wird zum Fanatiker, zum Arbeitstier, Zyniker, Fundamentalisten oder Drogenabhängigen. In einem Universum, das so reich an Verlockungen ist, wird die Spannung unseres Lebens zerstört, sobald man sich unnötigerweise nur einer beschränkten Vision hingibt. Die Glorie des Menschen ist zugleich das Problem des Menschen: Gerade weil wir fähig sind, solche Schönheit zu empfinden, sind wir zugleich anfällig für die unzähligen Formen von Fanatismus, die es gibt.

KIM: Du meinst also, daß ein großer Teil unseres Leidens eine Folge der menschlichen Macht, eine Folge unserer Möglichkeiten ist?

THOMAS: Das stimmt. Genau in dieser Lage befinden wir uns. Sogar die bösen Taten der Menschen enthüllen das enorme und tiefe Empfindungsvermögen, das mit dem *Homo sapiens* das Universum betreten hat. Der Mensch ist besonders dafür geschaffen worden, um auf die Tiefen der großartigen Wirklichkeit des Alls Antwort geben zu können. Darin liegt die höchste Herausforderung eines reifen Menschseins.

KIM: Dann ist also jede zerstörerische Tat eine Reaktion auf die Schönheit?

THOMAS: Letztlich ja. Allerdings ist eine zerstörerische Tat, die aus einer Begierde entsteht, die den Zusammenhang und die Vitalität des Ganzen außer acht läßt, nur das erste Glied der Kette. Zerstörerische Taten sind durch Generationen miteinander verbunden, indem ein Gewaltakt weitergegeben und mit anderen Gewaltakten verbunden wird. Eine solche Kette des Unglücks kann sich über Millionen von Jahren erstrecken und ganze Zivilisationen qualvoll in Fesseln legen. Auf diese Weise entsteht unnötige Zerstörung als Reaktion auf das Böse, das vererbt wurde. Eltern bürden ihre Selbstverachtung ihren Kindern durch physische und psychische Mißhandlung auf, und diese wiederum projizieren ihren Selbsthaß auf andere und auf ihre eigenen Kinder. Die Erde leidet unter dem Gewicht angehäufter Krankheit und Not, deren gemeinsamer letzter Ursprung in Handlungen liegt, die aus egozentrischer Begierde heraus begangen wurden. Denk an all das Leid, nicht nur an die menschliche Empfindung, sondern auch an die Qualen in so vielen, vielen Sphären unseres Planeten! Die Erhabenheit dieses planetarischen Abenteuers übersteigt einfach die menschliche Vorstellungskraft!

KIM: Geht das niemals zu Ende?

THOMAS: Jede einzelne Person hat die Macht, an dem Prozeß der Transformation der gesamten Erde teilzuhaben. Das Böse, das dich nach so vielen Millionen Jahren Existenz erreicht, kann absorbiert und umgestaltet werden. Du hast die Macht, das Leiden anzunehmen und dich zu weigern, es an einen anderen weiterzugeben, du hast die Macht zu vergeben, die unnötige Qual zu beenden und – vor allem – das Böse in Energie umzuwandeln, die der Vitalität des Ganzen dient.

Die Aufgabe, zum Menschsein heranzureifen, erfordert ungeheure Kraft. Es ist eine Frage der Authentizität, der Echtheit. Welche Kräfte versetzen dich dazu in die Lage, deine eigene Authentizität als Teilnehmer dieses unermeßlichen Abenteuers zu erreichen? Welche Kräfte befähigen eine Eiche dazu, ihre eigene, authentische Funktion in der lebendigen Welt zustandezubringen? Welche Kräfte machen einen Stern dazu fähig, die in ihm wirksamen Vorgänge zu einem Ganzen zu fassen und seine lebensschaffende Kreativität in Gang zu setzen?

II
Die Offenbarungen der Erde

DAS MEER

THOMAS: Wenn wir über die Kreativität und Versöhnungsbereitschaft, die Weisheit, Einsicht und Ausdauer nachdenken, die der Mensch in unserer Krisenzeit aufbringen muß, dann verstehen wir, wie sehr wir die ungeheuren Kräfte des Universums für unsere Arbeit, unser Überleben und die Feier unseres Lebens brauchen. Um als Menschen zur vollständigen Reife zu gelangen, müssen wir in uns selbst dieselbe Dynamik zum Leben erwecken, die den Kosmos formte. In uns muß diese kosmische Dynamik, müssen diese urzeitlichen Kräfte in menschlicher Form neu entstehen. Unsere Aufgabe ist es, die menschliche Ausdrucksform der zentralen Kräfte im Universum zu finden.

KIM: Warte! Die *menschliche* Form der Kräfte des Universums?

THOMAS: Dieselben Triebkräfte, die die Galaxien schufen, schufen auch Sterne und Ozeane. Die Mächte, die das Universum erbauen, sind letzten Endes geheimnisvoll, ihr Ursprung und der Grund ihres Wirkens ist ein Geheimnis. Sie sind die erschreckendste und ehrfurchtgebietendste Wirklichkeit, die es im Universum gibt. Die Menschen *sind* diese Kräfte; in ihnen gelangen sie zu Selbst-Bewußtsein, werden sich vollständig unserer schöpferischen Arbeit bewußt. Wir haben diese Mächte schon in Form von Sternen, Bergen, Atomen, Elefanten, aber noch haben wir sie nicht in menschlicher Form. Wir sind noch am sondieren, erforschen und experimentieren. Als Neuankömmlinge auf diesem Planeten lernen wir gerade erst, was es heißt, zu vollem Menschsein zu gelangen.

Wir haben schon über die ursprünglichste dieser Kräfte gesprochen – über die Verlockung. Es gibt fünf weitere zentrale Kräfte schöpferischer Aktivität des Universums, die wir jetzt für unsere Aufgabe brauchen, die Welt zu erbauen. Diese Kräfte – MEER, LAND, LEBENSFORMEN, FEUER und WIND – sind die kosmischen Mächte, die dem Universum das Wesen des Menschen zeigen werden, wenn sie in einer neuen Form miteinander verknüpft sind.

Beginnen wir mit dem MEER. Wenn ich vom MEER rede, dann meine ich damit vor allem eine seiner Eigenschaften: seine Macht, Dinge zu absorbieren. Wasser absorbiert Mineralien und führt sie dem pflanzlichen Leben zu, es verschlingt den Ackerboden der Ebenen und lagert Schlick in den Flußmündungen ab. Lege einen Klumpen Salz in Wasser, und es wird langsam verschwinden. Genauso würde New York City auf dem Meeresgrund mit der Zeit vergehen. Das Meer demonstriert eine Fähigkeit des Universums, die es auf allen Ebenen besitzt: die Fähigkeit, *das Universum aufzulösen*.

KIM: Gibt es dafür noch ein anderes Beispiel?

THOMAS: Wir könnten die Elementarteilchen nehmen. Wenn Elektron und Proton miteinander in Wechselwirkung treten, wird das Proton in seinem innersten Wesen grundlegend verändert. Es läßt sich durch einen neuen Zustandsvektor beschreiben, was bedeutet, daß wir eine andere Wirklichkeit vor uns haben als zuvor. Was ist passiert? Das Proton und das Elektron nehmen einander nur wahr, weil sie beide geladen sind. Wenn sie einander begegnen, tauschen sie etwas aus, wie Ballspieler, die einander gleichzeitig Bälle zuwerfen; wir bezeichnen das als Photonenabsorption. Das Photon, das das Proton dabei erhält, ist einzeln nicht nachweisbar, denn das Proton hat es absorbiert und in seinen eigenen Zustand integriert. So wird das Proton durch seine Begegnung mit dem Elektron neu, denn etwas ist mit ihm verschmolzen.

KIM: Aber es ist doch immer noch dasselbe Proton, oder nicht?

THOMAS: Das ist so ähnlich wie bei einem Bach, der durchs Gebirge rauscht. Auf seiner Reise nimmt das Wasser Mineralien und Salze auf und wird dadurch zu etwas Neuem. Mit »neu« meine ich, daß es sich in eine neue Beziehung zur Erde begibt. Wenn solche Beziehungen neu werden, haben wir auch eine neue Daseinsform vor uns. Wenn ein Elektron durch heißes Plasma wandert, geht es neue Beziehungen ein; ein Atom in einem hochaufgeladenen elektrischen Feld tritt in neue Beziehungen – genau wie Wasser, das einen Berg hinabfließt.

KIM: Aber du könntest doch das Wasser wieder von den Mineralien trennen, wenn du wolltest, stimmt's? Dann hättest du Mineralien in einem Topf und Wasser in einem anderen.

THOMAS: Das ist wahr. Wir neigen dazu, Dinge durch die Einzelteile zu bestimmen, in die wir sie zerlegen können. Aber das ist nur die eine Seite der Geschichte. Mineralwasser läßt sich in seine Bestandteile zerlegen, und dadurch erfahren wir auch gewisse Dinge. Doch Mineralwasser als Daseinsform bietet sich anders dar, als es seine einzelnen Teile können. Wenn wir das Wasser selbst in seine Bestandteile Wasserstoff und Sauerstoff zerlegen, gewinnen wir daraus einige Erkenntnisse über Wasser, aber Wasser als Ganzes offenbart Eigenschaften seiner selbst, die seine Teile nicht preisgeben. Wissenserwerb durch Analyse – diese Methode ist in den letzten zwei Jahrhunderten stark betont worden, doch wir lernen auch, indem wir Dinge als Ganzes untersuchen.

Mach dir klar, wie unser Gespräch bisher vorangeschritten ist: Wenn wir uns das Meer ansehen, fangen wir an zu würdigen, wie das Universum sich selbst auflöst. Doch sobald wir erfahren, daß dieselbe Aktivität auf andere Weise im Reich der Elementarteilchen existiert, gelangen wir zu der Überzeugung, daß wir von der Wirklichkeit *überhaupt* reden. Dies entlarvt unsere kulturbedingte Voreingenommenheit zugunsten der *Analyse* – diese Dynamik ist im Leben der Meere genauso real wie in der Sphäre der Elementarteilchen. Jede Sphäre ist für sich selbst vollständig und ganz; ein Ozean läßt sich nicht auf Elementarteilchen reduzieren. Wenn man den Ozean in Elementarteilchen zerlegt, verschwindet er.

Ob wir das Meer betrachten oder die Welt der Elementarteilchen untersuchen – wir sehen auf jeden Fall, wie das Universum sich spontan Eigenschaften einverleibt. Welchen Namen könnten wir dieser kosmischen Dynamik geben? Wir könnten sie Photonenabsorption nennen, wenn wir unsere Aufmerksamkeit weiterhin auf die Ebene der Quantenmechanik richten wollen. Oder wir könnten sie als »Lösungseigenschaft von Wasser« bezeichnen, wenn wir das Meer bzw. Flüssigkeiten allgemein als Referenz heranziehen wollen. Um jedoch auf den universalen Aspekt dieser Dynamik hinzuweisen, werden wir den Begriff *Sensibilität* verwenden.

Kim: Dann sind Protonen *sensibel*?

Thomas: Ja, sie zeigen eine – freilich minimale – Sensibilität für einander. Das Universum ist empfindsam – es ist ein Reich der Sensibilität. Die Aussage, ein Elektron sei sensibel, bedeutet, daß es Dinge *wahrnimmt*. Das Elektron reagiert auf Situationen und wird durch diese zutiefst verändert. Ich meine damit jedoch nicht, daß ein Elektron sich seiner selbst bewußt ist wie ein Mensch. Vielleicht könnten wir den Begriff *Quantenempfindsamkeit* verwenden, um dasselbe auszudrücken. Ich behaupte nur, daß das Elektron etwas aus der Welt drumherum absorbiert und sich einverleibt.

Kim: Ich bin durcheinander. Dieses Empfindungsvermögen, diese Kraft, sich Dinge einzuverleiben – worauf wollen wir hier überhaupt hinaus?

Thomas: Wir untersuchen die Art und Weise, wie die Menschen ihrer Bestimmung entgegenwachsen, die menschliche Ausdrucksform der kosmischen Dynamik zu werden.

Kim: Und wir haben schon das Thema Verlockung diskutiert, und daß es unsere Bestimmung ist, selbst zur Verlockung zu werden. Okay. Und jetzt ist es kosmische Sensibilität. Aber wenn das *Universum* sensibel ist, dann *sind* wir es doch auch schon, oder?

Thomas: Stimmt. Doch erinnere dich daran, daß die Entfaltung des Kosmos noch nicht an ihr Ende gelangt ist. Nimm einmal an, die Erde wäre 46 Jahre alt – dann hätte sie die Blumen erst in den letzten eineinhalb Jahren entwickelt. Es steht noch vieles aus, aber gerade jetzt hat die Erde Probleme mit ihrer jüngsten Schöpfung, dem *Homo sapiens*. Die Kräfte der Evolution sind blockiert, solange sie nicht in menschlicher Form erblühen können. Wir sollen zur Verlockung werden, wir sollen als kosmische Sensibilität leben, aber wir tun es noch nicht.

KIM: Wie halten die Menschen diese Kräfte denn auf?

THOMAS: Laß uns über die Sensibilität nachdenken. Wieso gelingt es den Menschen nicht, diese Macht der Empfindung wachzurufen, diese Macht, das Universum in sich aufzunehmen? Ich möchte dich etwas fragen: Wenn du den Mond ansiehst, siehst du dann ein Bild des Mondes oder nimmst du ihn in dich auf? Ich meine, was passiert, wenn du nachts einen Blick nach oben wirfst und den Mond siehst?

KIM: Nun, das Licht kommt vom Mond zu mir, trifft auf meine Netzhaut, und ich nehme ihn dann wahr.

THOMAS: Dann gibt es keinen Unterschied, ob du den Mond betrachtest oder ein Bild von ihm auf dem Fernsehschirm, stimmt's? Es ist eine Zeitlang da, dann ist es weg.

KIM: Mmh, ja.

THOMAS: Nun, tatsächlich geschieht aber etwas ganz anderes. Wenn du den Mond betrachtest, nimmst du ihn auf dieselbe Weise in dich auf wie der Ozean die Mineralien.
In der Sprache der Quantenmechanik: Du als Individuum läßt dich durch einen bestimmten Zustandsvektor beschreiben, was die Wechselwirkungen aller Elementarteilchen in deinem Körper mit einschließt.
Nun stell dir vor, daß Licht mit einem bestimmten Wellenmu-

ster in dich hineinfließt. Einige der Photonen dieser Lichtwelle treten mit deinen eigenen Elementarteilchen in Wechselwirkung, wodurch sich dein Quantenzustand ändert. Das ist genau die Photonenabsorption, über die wir schon geredet haben. Deine Partikel sind »neu« in dem Sinn, daß sie etwas von den Photonen absorbiert haben und dadurch in einen neuen Seinszustand getreten sind.

Stell dir eine große Zahl kleiner Glocken vor, die dicht nebeneinander hängen. Wenn einige von ihnen stark angeschlagen werden, werden sie ihre Eigenresonanz auf die gesamte Gruppe übertragen. Keine der Glocken bleibt unverändert, was zu einem neuen Zustand für ihre Gesamtheit führt. Dieselbe Situation trifft auch für deinen Körper zu: Die Wechselwirkung mit dem Photonenschauer schafft einen neuen Quantenzustand.

Das bedeutet, daß du zu einer neuen Schöpfung wirst, wenn du in der Gegenwart des Mondes stehst. Die Wechselwirkungen der Photonen sind in den Quantenzustand all deiner Bestandteile eingetreten – und durch diese Wechselwirkungen bist du nun eine »Mond-Person«. Das ist nicht etwas, was du nun *hast*, wie etwa ein Bild oder einen Gegenstand, sondern viel mehr etwas, was du *wirst*. Die Elementarteilchen deines Körpers haben einen Einfluß absorbiert, und in diesem Sinne sind sie – und du – funkelnagelneu: ein Mensch, in dem nun immer Mondlicht schwingt.

Es gibt kein isoliertes »Ich«, das dieses Bild »besitzt«, sondern du in deiner Gesamtheit bist durchdrungen von der Gegenwart des Mondes, und diese Gesamtheit existiert in einem neuen Bewußtsein, indem es über und in sich selbst reflektiert, nämlich im Bewußtsein des Mondes. Du bist das Ich, du bist der Mond. Dann gibt es nur noch ein Mond-Ich. Das ist deine

Wirklichkeit, das bedeutet kosmische Sensibilität für den Menschen.

Wer die Kraft der kosmischen Sensibilität entwickeln will, muß verstehen, daß »in der Wirklichkeit sein« heißt, das Universum aufzulösen und in sich selbst zu absorbieren. Sein heißt auflösen und an sich ziehen, heißt aufgelöst und angezogen *werden*. Das Universum ist wie ein hartes Bonbon, an dem man lange lutschen muß, bis es sich auflöst – und im Moment der Auflösung tauchen wir auf. Ein verhärteter Geist kann nicht auf das Dasein des Mondes antworten. Er kann den Reichtum des Mondes nicht spüren, so daß der Mond sich ihm nicht zeigen kann. Die Wechselwirkung zwischen dem Starrkopf und dem Universum ist nur oberflächlich, da die Sensibilität nur schwach ausgeprägt ist.

KIM: Dann verstümmeln wir unsere Sensibilität durch unsere Vorstellung, wir seien eigenständige Ichs, die die Bilder vom Mond oder was auch immer »besitzen«?

THOMAS: Und durch die Annahme, unsere Gefühle seien nur unsere Gefühle! Siehst du den Irrtum dabei? Das menschliche Bewußtsein würde die pulsierende Gegenwart des Mondes und die Intensität all dieser Empfindungen nie bemerken, *wenn nicht der Mond selbst die Ursache dafür wäre*. Diese Gefühle sind genauso eine Schöpfung des Mondes wie des Menschen. Wir haben Anteil an der großartigen Gegenwart des Nachthimmels, und aus der Wechselwirkung erwächst ein Bewußtsein des Geschehens. Unsere Empfindungen, unsere Gefühle von Staunen und Ehrfurcht, entstammen dem Universum selbst. Ohne die Großartigkeit des Alls könnten wir kein Staunen empfinden. Diese tiefen Gefühle sind nicht allein die unsrigen; in ihnen reflektiert das Universum über sich selbst.

In diesem Augenblick von höchster Intensität bilden der Mond und du eine verschworene Gemeinschaft. Nimm den Mond oder dich selbst weg, und die Wirklichkeit löst sich in Rauch auf. Leben heißt, in diese Schönheit einzutauchen, umfangen von Verzauberung, ins Sein gerufen durch die Erhabenheit des Alls. Sobald wir Ehrfurcht wahrnehmen, geraten wir in eine Verzauberung, die sich höchster Objektivität erfreut – das Universum *ist* Verzauberung.

Ich habe den Mond als Beispiel gewählt, aber du hast deine eigenen Augenblicke des Schönen. In jedem Fall kannst du sehen, daß die Schönheit und die Gefühle des Universums in diesem Augenblick in dich hineinfließen. Jedes dieser Ereignisse enthüllt die kosmische Sensibilität, die in menschlicher Gestalt existiert. Protonen reagieren auf die kleinsten Teilchen des Universums, die Ozeane auf andere Gegebenheiten. Durch die Sensibilität des Menschen kann die Schönheit des Universums in einem Selbst-Bewußtsein eingefangen werden. Jeder dieser Momente, in denen du dir der Schönheit bewußt wirst, bedeutet ein Aufleuchten der allgegenwärtigen Herrlichkeit des Universums.

Vielleicht kann dir hier ein anderes Bild helfen. Hundert Fernsehprogramme umgeben uns in diesem Augenblick, aber wir sehen nichts davon. Da gibt es Männer, Motorräder, Wale, junge Mädchen und Segelschiffe, die uns gerade jetzt überschwemmen, aber wir bemerken sie erst, wenn wir ein Gerät schaffen, das sie aus den elektromagnetischen Wellen hervorruft.

So ist es auch mit den tiefen Empfindungen des Universums. Sie schweben durch den Kosmos, ohne daß die Menschen sie wahrnehmen, weil sie ihre angeborene Sensibilität nicht entwickelt haben.

KIM: Aber was muß ich dann tun, um meine Sensibilität zu entwickeln?

THOMAS: Lerne zu hören. Der Entwicklung dieser Fähigkeit mußt du dich eine lange Zeit widmen. *Wirklich* zu hören. Die erhabenen Empfindungen des Universums fließen durch dich hindurch: Lausche ihnen in jeder Lebenslage. Höre deinen Freunden mit solcher Sensibilität zu, daß du sogar die Luft spürst, die euch umgibt. Lausche so, als ob du sogar die Ringe des Saturn surren hören könntest, oder zumindest den Wind auf einem anderen Kontinent. Wenn du von deiner Freundin fortgehst, wird ihre Gegenwart von dir ausstrahlen. Nimm das wahr, spüre, wie diese Gegenwart von dir ausstrahlt, damit du dir immer bewußter wirst, auf welche Weise du das Universum auflöst und in dich aufnimmst.

Wenn du einen Wald betrittst, lerne vor der Großartigkeit zu erschaudern, die dich umgibt, und du wirst den Wald nie verlassen. Das Ich, das in den Wald hineinging, wird es nicht länger geben, denn du wirst neu sein, du wirst die Gegenwart des Waldes mit dir tragen. Die Wälder sind voll von lebendiger Musik auf allen verborgenen Ebenen des Seins, und wenn du diese Musik hörst, dann weißt du, daß der Wald jede Zelle deines Körpers durchdrungen hat. Wenn du am nächsten Morgen eine Tasse Kaffee trinkst, werden alle Föhren des Waldes mit dir wohlig warm. Die natürliche, die menschliche und die göttliche Sphäre fließen in deinen Empfindungen ineinander. Du brauchst keinen Lehrer. Das Universum selbst ist dein Lehrer, die Wälder sind deine Lehrer. Du wirst wissen, wenn du beim Lernen etwas falsch machst, denn Mißerfolg wird mit Langeweile bestraft. Wenn du auch nur den geringsten Funken Sensibilität entwickelst, wird das Universum in dir lebendig werden. Denk daran, wie die Gegenwart des Feuerballs für Milliarden von Jahren die Erde überschwemmte. Da war er, jeder einzelne Augenblick, und flutete über alle Dinge auf unserem Planeten, doch erst jetzt haben wir gelernt, dafür sensibel zu werden. Wir sind übergossen von der Gegenwart des Universums, wir sind schon getränkt von seiner Schönheit. Alle Dinge haben sich in die Welt entladen und warten bloß darauf, daß wir sensibel genug werden, um auf sie antworten zu können. Reifes Menschsein zu leben bedeutet heimzukommen, und unsere Heimat heißt Verzauberung.

Das Land

THOMAS: Nun können wir uns dem LAND zuwenden: Erdboden, Felsen, Gebirge, Kontinente und die Elemente – Materie. Im besonderen will ich dir zeigen, daß das Land die Fähigkeit hat, Vergangenes zurückzuverfolgen, neu zu verknüpfen – also sich zu erinnern. Der Kosmos erinnert sich auf seine eigene Weise, und beim LAND können wir das am besten sehen. Die Elemente selbst sind gefrorene Erinnerung. Sie zeigen uns die Arbeit von Supernovae vor Milliarden von Jahren. Ein stabiles Gedächtnis, während wir schon Schwierigkeiten haben, unsere eigenen Telefonnummern zu behalten. Aber die Entwicklung der Elemente ist durch all diese Äonen bewahrt und nicht vergessen worden. Die Elemente zeigen uns ihre ursprüngliche Form, die sie bei ihrem Eintritt ins Universum erhalten hatten.

Die Erdkruste ist ein Buch voll mit Abenteuergeschichten des Lebens, vor allem aus den letzten 600 Millionen Jahren. Die Gneißfelsen Grönlands haben in ihrer kristallinen Formation die Geschichte der Erde von vor vier Milliarden Jahren eingefangen, als die Erde gerade ihren geschmolzenen Zustand verließ. Die Reisen der Kontinente, wie sie gegeneinanderkrachten und auf dem porösen Fels des Erdmantels über die Ozeane trieben, wurden aufgezeichnet in den Gebirgsketten, Meeren und Gräben, die sie bei den Kollisionen hinterlassen haben.

Der ganze Kosmos sehnt sich nach Erinnerung, ist damit aber nicht immer erfolgreich. Auf der Erde hat diese Dynamik des kosmischen Gedächtnisses mit so vielfältigen Erinnerungen besonders viel Erfolg gehabt, und so waren sogar wir von Zahnschmerzen und Steuerbescheiden geplagte Zweibeiner fähig, diese großartige Geschichte aus den Steinen zum Leben zu erwecken.

KIM: Wieso ist es uns dann nicht gelungen, die Dynamik des kosmischen Gedächtnisses zu entwickeln?

THOMAS: Zum ersten ist unser Verständnis von Gedächtnis anthropozentrisch. Wir haben uns dadurch unnötig beschränkt.

KIM: Was meinst du damit?

THOMAS: Deine Arme sind in Fleisch, Gewebe und Knochen gegossene Erinnerung. Verstehst du das?

KIM: Nein.

THOMAS: Stell dir eine Bergziege vor. Diese Tiere besitzen die Fähigkeit, auf einem winzigen Felsvorsprung zu stehen, während der Wind bläst und der Regen auf sie niederprasselt. Ihre Hufe, besonders die harte äußere Schale, die das weichere Innere des Hufes umgibt, erlauben es ihnen, auf einem kleinen Stück Fels fast genauso sicheren Halt zu haben, als wenn sie sich mit Zangen daran festkrallen würden.

Was unsere Hochachtung verdient, ist die Tatsache, daß diese Anpassung Millionen von Jahren erforderte. Die Vorfahren der heutigen Bergziege lebten im Gebirge und paßten sich der Gestalt der Berge, dem Sog der Schwerkraft und allen anderen Gegebenheiten an. Die Entwicklungsformen, die sich am erfolgreichsten der Realität der Bergwelt anpaßten, wurden ausgelesen und überlebten, so daß in der Form, die wir heute vor uns sehen, all die vorangegangenen Experimente enthalten sind. Der Huf ist das Gedächtnis einer langen Ahnenreihe. Es ist nicht zufällig aufgetaucht, sondern wurde durch die gesammelte Erfahrung von Millionen Ziegen geformt.

Der springende Punkt dabei ist: Die Materie erinnert sich an den eleganten Huf. Die genetische Sequenz, die einen solchen Huf ermöglicht, wird dominant im Genpool und gibt diesen Huf weiter an alle Mitglieder ihrer Spezies. So, nun siehst du, was ich damit gemeint habe, daß der Huf durchdrungen ist von Erinnerungen an die Vergangenheit. Von diesem Blickwinkel aus *ist* der Huf diese Erinnerung.

KIM: Aber wie trifft das auf den Menschen zu?

THOMAS: Genau wie der Huf Erinnerung ist, ist der menschliche Körper Erinnerung. Denk daran, wieviele Geschöpfe in unserer Ahnenreihe daran beteiligt waren, unsere Finger zu erschaffen! Wenn du deine Hand hebst, hebst du gleichzeitig die unermeßliche Vielzahl von Experimenten, die zu dieser Hand geführt haben. Hier in der Hand vor dir, hältst du die Geschichte aller großen Ereignisse des Universums: Die biologische Entwicklung, die Explosion der Supernova, alle bedeutenden Momente der vergangenen zwanzig Milliarden Jahre werden damit erinnert.

KIM: Aber wer oder was erinnert sich denn?

THOMAS: Materie. Materie in der Gestalt von Molekülen. Die Molekülsequenzen deiner DNS sind Sequenzen von Erinnerungen. Siehst du, wie die Dynamik des kosmischen Gedächtnisses auf ein bestimmtes Ereignis angewiesen ist, um sich erweisen zu können? Wir können die Macht des Gedächtnisses genausowenig *sehen* wie die Macht der Verlockung *hören*; wir können bloß staunend auf die genetische Molekülsequenz blicken, die die DNS in jeder Zelle eingefangen – erinnert – hat.

KIM: Warum gibt es Erinnerung?

THOMAS: Wir untersuchen gerade jene Kräfte, die das Universum braucht, um kreativ all seine erstaunlichen Geschehnisse schaffen zu können. Das Universum erinnert sich, damit es von der Arbeit und dem Wissen früher existierender Lebewesen profitieren kann. Warum sollte es Augenblicke enormer kosmischer, geologischer oder biologischer Schönheit vergessen? Denk daran, wie viele Milliarden Geschöpfe daran beteiligt waren, das Auge der Tiere zu schaffen. Was für eine Tragödie, wenn das nicht geschätzt und bewahrt würde!

KIM: Wie können wir denn die Macht der Erinnerung in diesem kosmischen Sinn entwickeln?

THOMAS: Fang damit an, Erinnerung als *aktives Tun* zu verstehen. Erinnern, vergegenwärtigen ist etwas, was das Universum *tut*. Für den Kosmos ist Erinnerung die Art und Weise, in der die Vergangenheit in der Gegenwart *arbeitet*. Das Universum verschwendet nicht gern etwas. Wenn es also die Vergangenheit dazu bringen kann, im Heute zu arbeiten – nun, warum nicht? Nimm die Eiche hier. Vorstufen unserer Eiche tauchten etwa vor 250 Millionen Jahre auf. Alle Arbeit, alles kreative Sondieren und Ausprobieren, alle Geduld und alles Leid, das zur Gestaltung der Eiche beigetragen hat, war in der einen Eichel gegenwärtig, die sich zu dieser großen Roteiche hier entfaltet hat. Die ganze Entwicklungsgeschichte ist in einer Eichel eingefangen, bis der Baum – mit gutem Boden, Wasser und Luft versorgt – all die Schönheit entfaltet, die verborgen in der winzigen Eichel steckte. Denk an die Mineralien, die hier entlang und da entlang, an der Eiche vorbei und durch sie hindurch fließen, während sie heranwächst. Was lenkt ihre Energie? Woher bezieht sie ihren Unternehmungsgeist? Was steuert ihre Entscheidung, sich hier zu verzweigen und nicht dort? Was sorgt dafür, daß sie an keinen toten Punkt gerät, sondern den erprobten und verläßlichen Ablauf der Ereignisse wählt? Die Eiche als Ganzes tut dies, gewiß, denn die vergegenwärtigte Vergangenheit ist da, sie lenkt, beeinflußt, wählt aus und wirkt auf die Entwicklung des Ganzen ein. In diesem Sinne ist die Vergangenheit gegenwärtig, sie wirkt aktiv in der heranwachsenden Eiche.

Der moderne Mensch versteht das nicht. Wir betrachten Geschichte als etwas, das aus und vorbei ist. Wir leben auf einem briefmarkengroßen Fleckchen, das wir »Gegenwart« nennen, und bemerken gar nicht, wie uns das zu Krüppeln macht. Im besten Falle denken wir, daß Geschichte sechstausend Jahre alt ist, sich nur um Menschen dreht und zum größten Teil unwichtig ist. Wir haben uns eingeredet, daß all unsere Vorfahren versucht hätten, genauso zu sein wie wir, es aber nicht geschafft haben. Wir glauben, auch sie würden sich einer Welt der Maschinen, einem immer größeren Bruttosozialprodukt und einem Kontinent voll von Konsumenten verschreiben, wenn sie nur könnten.

Kannst du dir vorstellen, was passiert, wenn die Pflanzenwelt uns imitieren würde? Wenn sie die Schöpfungen und Lebensweisen ihrer Vorfahren als überholt betrachten würde, unter ihrer Würde, der Erinnerung nicht wert? Sie würden die niedrigen Formen und ihre Photosynthese abweisen und versuchen, ohne diese großartige und dauerhafte Errungenschaft zurechtzukommen, das Sonnenlicht für sich nutzbar zu machen. Wenn die Pflanzen uns nachahmen würden, wäre das Leben auf diesem Planeten innerhalb einer Woche verwelkt. Darum sollten wir uns folgende Frage stellen: Was würde passieren, wenn wir stattdessen versuchten, die Pflanzen zu imitieren? Wenn wir einsehen würden, daß die Leistungen unserer Vorfahren einen dauerhaften schöpferischen Fortschritt darstellen, der zu unserem Wohl an uns weitergegeben würde?

Zunächst würden wir die alten Stammesgesellschaften und Naturvölker dieses Planeten schätzen lernen, so wie die Pflanzen die Photosynthese schätzen. Diese Völker leben seit Zehntausenden von Jahren im Rhythmus der Erde und haben durch die Zeitalter hindurch Fertigkeiten und Handlungsmuster geformt, die bei unserem Drang, die Erde zuzubetonieren, nicht verlorengehen dürfen. Sie haben das Basiswissen über Grundwirklichkeiten unserer Welt entwickelt und Traditionen geformt, die Schwierigkeiten zu überstehen hatten, wie wir sie uns kaum noch vorstellen können. Sie schufen Rituale und Initiationsriten, die sie daran erinnern sollten, daß die Erde allein für alle Lebensformen sorgt und sie erhält. Um die Dynamik der kosmischen Erinnerung in uns zu entwickeln, müssen wir dieses Wissen der Eingeborenenvölker in uns aufnehmen. Sie haben ein Wissen gesammelt, ohne das wir nicht auskommen können; sie besitzen Weisheit, die wir niemals reproduzieren können, wenn wir sie verlieren sollten.

An die Errungenschaften der großen klassischen Zivilisationen müssen wir uns auch erinnern, denn sie sind eine andauernde Bereicherung dieses Planeten und genauso eminent wichtig und unersetzlich wie die Entwicklungen der Stammesgesellschaften und Naturvölker. Im Zeitalter der klassischen Zivilisationen besannen sich die Menschen auf das Da-Sein. Sie waren fähig, sich der ungeheuren Ehrfurcht zu stellen, die auch heute noch in allen religiösen und poetischen Äußerungen der Erde zu finden ist. In jener Zeit erfaßten die Menschen erstmals und mit einem hochentwickelten Selbst-Bewußtsein die tiefe Realität der kosmischen Erinnerung, denn sie erkannten, daß der Kosmos die zeitlichen Schöpfungen bewahrt und nichts an Schönem verlorengehen läßt. Weil wir diese Einsichten verloren haben, leiden wir Industrialisten unter einer lähmenden Angst vor dem Tod. Anstatt in die Freude am Leben einzutauchen, begraben wir unser Leben unter dem Druck trivialer und zwanghafter Zerstreuungen und tun alles, um zu vergessen, daß wir leben, daß wir lebendig und zu unendlicher Freude bestimmt sind.

KIM: Ist es das, was du meinst, wenn du sagst, wir blockieren die kosmische Dynamik dadurch, daß wir vergessen? Daß wir glauben, wir brauchten das Vergangene nicht mehr?

THOMAS: Die Vergangenheit vergessen! Was kann das anderes bedeuten, als daß wir uns selbst einer unendlichen Kraft berauben? Das Universum sehnt sich danach, den Durchbruch seiner menschlichen Ausdrucksform zu schaffen, doch wir verstümmeln uns, indem wir hartnäckig darauf bestehen, nur auf einem briefmarkengroßen Fleckchen unseres wahren Erbes zu leben. Wir sind gerade so wie eine ignorante Eiche, die hartnäckig alle Anstrengungen der Vergangenheit ignoriert und darauf besteht, ihre eigenen Blätter und ihre eigene Gestalt zu entwickeln. Unmöglich.

KIM: Aber wann sind wir denn so?

THOMAS: Fast immer. Das zeigt sich schon bei den einfachsten Dingen. Beim Essen zum Beispiel: Unsere Beziehung zum Essen ist schlichtweg falsch. Anstatt die natürliche Nahrung zu uns zu nehmen, die die Erde in Äonen subtiler Experimente geschaffen hat, stopfen wir uns voll mit nachgemachtem Junk Food, das von multinationalen Konzernen ausgestoßen wird, die nicht einmal so viel Ahnung von der Erde haben, als in eine leere Nußschale paßt. Die Folgen sind Krebs, Herzerkrankungen und all die unnötigen Leiden, die mit Dummheit einhergehen. Wir müssen einsehen, daß Essen – vom biologischen Standpunkt aus gesehen – Erinnern bedeutet. Warum? Weil Nahrung reich an Informationen ist, die unser Körper braucht. Während Hunderten von Millionen Jahren haben die Lebensformen gelernt, sich gegenseitig zu nähren. Das bedeutet mehr, als nur den Brennstoff nachzufüllen. Es bedeutet, die Molekülketten und Aminosäuren zu ergänzen, deren Informationsketten für unsere epigenetische Entfaltung benötigt werden. Unser Körper *wartet* auf, ja er *rechnet* mit einem bestimmten Spektrum von Nahrung. Einfach irgend etwas zu essen reicht da nicht. Bestimmte molekulare Zusammensetzungen sind erforderlich, genau diejenigen, die in den Millionen Jahren schöpferischen Experimentierens geformt wurden.

KIM: Aber wieso ist Essen Erinnerung?

THOMAS: Viele unserer physiologischen Abläufe hängen von bestimmten komplexen Chemikalien ab, die wir durch natürliche Nahrung bekommen. Die physiologischen Abläufe sind es, durch die sich der Körper an das Erbe seiner Vorfahren erinnert, und dieses Erbe läßt sich nur erinnern, wenn es bestimmte natürliche Nahrungsmittel bekommt. Wenn du Getreide, Gemüse und gutes, frisches Fleisch und Salat ißt, bringst du deinen Körper dazu, sich an seine Kräfte zu erinnern.

Es ist so ähnlich wie beim Blättern in einem alten Fotoalbum. Die Bilder lösen alle möglichen Erinnerungen aus, und du wirst überschwemmt mit der Vergangenheit, die in dir lebendig wird. Genauso ist es mit dem Essen. Die Nahrung macht es möglich, daß Körpervorgänge ihre Tätigkeit aufnehmen. Wenn wir begreifen, daß Essen Erinnerung ist, dann werden wir mit unseren miserablen Eßgewohnheiten aufhören können.

Kim: Erinnerung schließt also unsere Eßgewohnheiten mit ein. Essen ist eine Art von Gedächtnis. Gibt es im Alltag noch eine andere Form für Erinnerung?

Thomas: Bewegung. *Bewegen* bedeutet eigentlich auf den *Weg* bringen, in Aktion versetzen. Wenn wir Sport treiben, versetzen wir unsere ererbten Erinnerungen in Aktion. Unser Körper erinnert sich daran, daß wir einst in Wäldern und auf Bäumen gelebt haben. Wir müssen robben, klettern und rennen, wenn wir unsere intellektuellen, emotionellen und spirituellen Kapazitäten entwickeln wollen. Wir sind nicht auf einem kargen Eisberg auf irgendeinem fernen Planeten entstanden, sondern wir verdanken unser Leben den besonderen Lebensbedingungen dieser Erde und ihrer Wälder. Wenn wir durch die Wälder wandern, klettern und rennen, erinnert sich unser Körper an jene tief in uns angelegten Verhaltensmuster, die auf das Innigste mit allem verknüpft sind, was wir sind. Wir neigen dazu, Bewegung nur noch als Mittel zum Abnehmen anzusehen, als Methode, unser Fett wegzutrimmen. Doch Bewegung ermöglicht es dem Körper, sich an seine Vergangenheit zu erinnern, so daß er mit all seinen verwobenen Kräften des Lebens, Denkens und Reflektierens aktiv werden kann.

Sich erinnern heißt wissen. Sich an die großen Ereignisse der menschlichen Geschichte zu erinnern heißt, sie zu kennen. Wir erinnern uns an die enorme Kreativität in der Erdgeschichte, wenn wir die Finesse und Vielschichtigkeit, den Gesamtzusammenhang dieser gewaltigen Ereignisse kennen. Wenn wir die Kraft der Erinnerung entwickeln, vertiefen wir unser Wissen. Problematisch bei dem Wort »Wissen« ist, daß es zumeist *reflektiertes* Wissen bezeichnet. Durch unseren dualistischen und anthropozentrischen Gebrauch haben wir seine Bedeutung eingeengt. Jedes Wissen ist Erinnerung; wissen heißt immer: sich erinnern. Ein Ingenieur kann eine Brücke bauen, weil er oder sie in der Lage ist, sich die Verfahren zu vergegenwärtigen, die in der Vergangenheit funktioniert haben. Daraus ersehen wir, daß unser Wissen und unsere Erinnerung genauso in der Pflanzen- und Tierwelt vorhanden sind.

Du wirst nun verstehen, was ich meine, wenn ich sage, wir müssen uns an das Universum erinnern. Wir müssen die Geschichte des Kosmos, der Erde, des Menschen studieren, bis wir sie in ihrer wesentlichen Gestalt kennen. Jemand, der die Geschichte des Universums nicht kennt, wird der menschlichen Bestimmung noch nicht gerecht. Doch diese Erkenntnis ist nicht allein eine Sache des Großhirns: Wer die Geschichte des Lebens kennt, wird auch natürliche Nahrung zu sich nehmen; wer die Geschichte der menschlichen Zivilisationen kennt, wird auch ein Gespür für die Tiefe ihrer intuitiven Erkenntnisse haben; wer die Geschichte des Universums kennt, kann auch der großartigen, numinosen Vergangenheit gestatten, im Hier und Jetzt zum Leben zu erwachen.

Kim: Das ist so ganz anders als alles, was man mir bisher beigebracht hat, weißt du. Ich habe nie daran gedacht, Geschichte so zu lernen, daß das Universum in mir lebendig wird.

Thomas: Das ist mir klar. Das Umschalten von einer Haltung, in der der Mensch der Mittelpunkt aller Dinge ist, hin zu einer biozentrischen und kosmozentrischen Orientierung, in der das Universum und die Erde die grundlegenden Bezugspunkte sind, ist *die* radikale Umwälzung, in der wir gerade stecken. Sie *ist* explosiv. Uns verwirrt das auch sehr schnell, weil wir gewöhnlich Erde und Kosmos vergessen, uns nur auf die Welt des Menschen konzentrieren. Wenn du allerdings in diesem neuen, größeren Leben zu wachsen beginnst, wirst du eine neue Freiheit entdecken – und eine großartige Vision für das Leben. Und das ist der Mühe wert.

Kim: Aber es ist so verwirrend, vor allem, wenn ich mir überlege, wo ich anfangen soll.

Thomas: Erinnere dich an die Schönheit und die Ehrfurcht. Erinnere dich an die großartigen Errungenschaften unseres sich entfaltenden Universums. Fang damit an, diesen Satz zu memorieren, wenn du willst. Und fang daheim an. Denk an die schönen Augenblicke, die du schon erlebt hast. Denke über dein eigenes Leben nach. Welche Momente waren bedeutsam und erinnernswert? Du kannst sie in die Innenseite deines Gürtels gravieren; du kannst Gobelins entwerfen, auf denen die Hauptereignisse gefeiert werden; du kannst Symbole an die Wand malen, die sie dir ins Gedächtnis rufen. Und du kannst in deinen eigenen Worten über alle wichtigen Momente deines

Lebens auf diesem Planeten ein Kapitel schreiben. Sie sollen dir für dein gegenwärtiges Leben eine Hilfe sein. Sie werden dir Kraft geben! Rufe all diese Augenblicke der Ehrfurcht, Schwierigkeiten, Ausdauer oder Würde in deine Gegenwart, dann bist du auf dem richtigen Weg.

Leonardo da Vinci verstand etwas von der Arbeit durch Erinnerung. Wenn er von einem Gesicht gefesselt war, folgte er der betreffenden Person notfalls einen ganzen Tag, beobachtete, studierte, zeichnete. Er war nicht eher zufrieden, als bis er das Gesicht rekonstruieren konnte, ohne es zu sehen. Das ist der Sinn der wunderschönen englischen Formulierung »learning by heart«: etwas in- und auswendig lernen, bis es mitten in dein Herz gedrungen ist. Er kannte das Gesicht und hat es sich buchstäblich in sein eigenes Sein ein-geprägt, in die tiefsten Regionen seiner selbst »verinnerlicht«. Er erinnerte sich an das Gesicht, weil er sich mit dessen Schönheit so sehr identifizierte, daß sie durch ihn hindurch zum Leben erweckt wurde. Wenn wir uns an Schönheit erinnern, werden wir selbst zu solcher Schönheit für eine lebendige Gegenwart.

KIM: Aber was ist mit den bösen und traurigen Dingen? Soll man sich an die auch erinnern?

THOMAS: Ja, aber auf andere Weise. Im allgemeinen erinnern wir uns so, daß wir Leben entfachen und fördern können. Zu diesem Zweck müssen wir uns auch an Leid, Schmerz und Not erinnern. Tatsächlich erinnert sich unser Körper an zerstörerische Ereignisse der Vergangenheit, auch wenn wir uns diese nicht immer bewußt machen. Der Körper erinnert sich auf eine Weise daran, die ihn solche Fehler in Zukunft vermeiden läßt.

Es ist also notwendig, daß das Böse in Erinnerung bleibt.

Schuldgefühle kommen daher. Das Universum besteht darauf, daß wir auf das Vergangene achten und uns daran erinnern, ob als Individuum, Gesellschaft oder Spezies. Wir können von den Erinnerungen an unsere Fehler so lange geplagt werden, bis wir sie uns gründlich durch den Kopf gehen lassen und sie klar durchschauen. Wenn wir einmal bis in ihr Mark vorgedrungen sind und dadurch zu verstehen gelernt haben, sind wir erlöst von unserer Schuld; wir haben die Lektion gelernt und die Sackgasse überwunden; die Spontaneität schöpferischen Handelns ist wieder zurück, mit neuer Frische und aufs neue wirksam.

Wir können zu keiner zufriedenstellenden menschlichen Existenz gelangen, bis wir nicht all unsere Kräfte für diese große Aufgabe des Erinnerns einsetzen. Wir sind auf einzigartige Weise dazu geschaffen, unser Ziel zu erreichen – die Kräfte, die den Feuerball und all die Billionen Sterne geschmiedet haben, wirken auch in uns und formen das ganze riesige Epos des Daseins zu einer einzigen, lodernden Intensität. Und eines werden wir bei unserer leidenschaftlichen Erinnerung an all die galaktischen, irdischen, biologischen und menschlichen Dramen schließlich entdecken: Wer das Universum studiert, studiert sich selbst.

DAS LEBEN

THOMAS: Das Meer verkörpert für uns die kosmische Sensibilität, das Land die kosmische Erinnerung. Jetzt schauen wir uns die Lebensformen an. An was denkst du zuerst, wenn du über das LEBEN nachdenkst?

KIM: Das ist einfach: an den Tod.

THOMAS: Das ist das erste, was dir einfällt?

KIM: Na ja, alles was geboren wird, muß einmal sterben.

THOMAS: Das stimmt nicht ganz!

KIM: Wie bitte?

THOMAS: Einige Geschöpfe sterben nicht. In der Tat war der Tod zwei Milliarden Jahre lang nicht das unausweichliche Ende des Lebens für die Lebensformen des Planeten Erde.

KIM: Das verstehe ich nicht.

THOMAS: Milliarden Jahre lang war der Tod keine biologische Notwendigkeit. Nichts starb auf »natürliche« Weise. Die frühesten Geschöpfe sind möglicherweise getötet worden, zermalmt worden oder verhungert, aber der Tod, so wie wir ihn kennen, war nicht unausweichlich.

Kim: Die konnten ewig leben?

Thomas: Ja, unter den richtigen Bedingungen. Die Bakterien, die es heute auf der Erde gibt, sind solche Geschöpfe. Tatsächlich könnten die *heute* lebenden Prokaryoten schon existiert haben, als das Leben gerade begann – einige von ihnen mögen vier Milliarden Jahre alt sein. Das wissen wir natürlich nicht, aber es wäre durchaus möglich. Der springende Punkt ist: Tod ist eine Erfindung der schöpferischen Kraft der Evolution. Leben bedeutet nicht unausweichlich Sterben. Am Anfang war der Tod einfach nicht notwendig.

Kim: Ganz schön mieses Geschäft.

Thomas: Enttäuscht?

Kim: Könnten wir nicht zu dieser früheren Lebensweise zurück?

Thomas: Möchtest du das gern?

Kim: Logisch.

Thomas: Du denkst, das Universum hat einen Fehler gemacht, als es den Tod als biologische Notwendigkeit erfunden hat?

Kim: Was hat es davon?

Thomas: Gute Frage. Warum sollte das Leben den biologischen Tod schaffen wollen? Gehen wir mal von uns aus: Nimm an, wir würden den natürlichen Tod abschaffen. Als erstes müßten wir dann die Fortpflanzung abschaffen. Die existierenden Menschen würden natürlich unter den Lebenden bleiben wollen, und wenn die Kontinente einmal vollgestopft sind, können wir keine Neulinge mehr zulassen.

Kim: Okay, das klingt doch gut.

Thomas: Das klingt gut – eine Zeitlang. Aber was ist eine Million Jahre später? Dieselben alten Menschen schlurfen über den Planeten, dieselben alten Tiere – ganz schön langweilig. Das Traurige ist, daß die Angst vor dem Tod milliardenfach schlimmer wäre als vorher – wir könnten ja durch einen Unfall ums Leben kommen. Du würdest keinen einzigen Schritt vor deine kleine Hütte tun! Warum solltest du dich der Gefahr aussetzen, dein ewiges Leben auf Erden zu riskieren?

Sogar die Tiere würden das schließlich mitbekommen: Auch sie würden sich in ihren Höhlen zusammendrängen. Wer weiß, wie weit sich diese Furcht ausbreiten würde? Vielleicht findet die Sonne das eines Tages auch heraus und beschließt, nicht mehr weiter zu brennen, wird dunkel und verkriecht sich für immer.

Das Leben hat diesen toten Punkt lähmender Bewegungsunfähigkeit vermieden, indem es stattdessen seine größte Sehnsucht und Meisterleistung ersonnen hat: Innovation und Überraschung. Schau dir die Abenteuer aller Lebewesen um uns herum an! Abenteuer, Überraschung, Risiko und Spannung: Das sind die wesentlichen Sehnsüchte des Lebens.

Kim: Warum können wir das nicht ohne das angstmachende Wissen haben, daß wir sterben müssen?

Thomas: Du bist zu sehr auf dich selbst bezogen. Es tut

nicht weh, als Eichhörnchen oder als Elefant zu leben, obwohl auch sie sterben müssen. Sie laufen nicht den ganzen Tag mit langen Gesichtern herum. Sie verbringen auch nicht ihr ganzes Leben damit, trübsinnige Romane über ihre existenzielle Todesangst zu verfassen, oder, noch schlimmer, allen anderen eine elende Furcht vor dem Verlöschen aufzubürden. Es ist nicht schwierig, als majestätischer Mammutbaum, stechendes Schilfgras oder als emsiger Kolibri zu leben.

KIM: Aber sie *wissen* nicht, daß sie sterben müssen! Warum konnte das Leben sich nicht mit Lebensformen begnügen, die keine Ahnung von ihrem Tod haben?

THOMAS: Eine ausgezeichnete Frage. Warum schuf das Leben Formen, die sich ihres eigenen Todes bewußt werden würden? Wir wollen diese Frage vom Standpunkt des erwachenden Universums angehen. Die Frage heiß dann: »Was hat der sich entfaltende Kosmos davon, bestimmte Geschöpfe – die Menschen – zu enthalten, die sich ihres eigenen Todes bewußt sind?«
Wozu uns auf unseren Tod aufmerksam machen? Um uns das Abenteuer des Lebens tiefer empfinden zu lassen, um die Dramatik jedes Augenblicks zu unterstreichen. Das Universum verlangt sehnsüchtig danach, sich zu zeigen! Das Universum repräsentiert jenes unnennbare Mysterium, aus dem das Leben hervorscheint. Wie sonst könnte das Universum *seinen eigenen* umwerfenden Wert spüren? Wie anders als durch eine menschliche Spezies, die sich ihres eigenen Endes bewußt ist? Innerhalb des menschlichen Selbst-Bewußtseins läßt sich ein Funke der unendlichen Kostbarkeit allen Lebens spüren, und dazu wären wir bestimmt nicht fähig, wenn wir uns des Todes nicht bewußt wären.

KIM: Deswegen quält uns jetzt das Wissen, daß wir sterben müssen.

THOMAS: Das ist schwierig, sicher. Das ist die Aufgabe, die dem Menschen bestimmt ist, und wir leiden schrecklich an unserer Rolle, das Bewußtsein der Kostbarkeit und Zerbrechlichkeit des Lebens in uns zu tragen. Doch unsere Ehrfurcht ist unser Geschenk an das Universum. Wer außer dem Menschen ist in der Lage, die überwältigende und zerbrechliche Schönheit eines Blauwales zu empfinden, wenn er majestätisch durch den Ozean gleitet? Wir sind in der Lage, die unendliche Kostbarkeit dieses Wales zu spüren; wir sehen mit Ehrfurcht, wie er in den eisigen Ozean taucht; wir können den Wert seines Daseins ermessen. Das ist *unser* Geschenk an die Welt des Lebens: Wir *sehen* das alles, spüren die Tiefe des Augenblicks, benennen ihn, feiern seine Wahrheit. Der Wal ist frei von dem Schmerz, sich seines nahenden Todes selbst bewußt zu sein. Doch gerade deswegen kann er auch seine eigene Schönheit nicht empfinden, seine flüchtige Größe – das muß der Mensch tun, sonst ist unser Leiden vergebens.

KIM: Aber wir sterben auf jeden Fall, und dann hören unsere Empfindungen auf. Unser Gespür für die Schönheit und Kostbarkeit des Wales verschwindet.

THOMAS: Es vergeht mit der Zeit, sicher.

KIM: Das sag' ich ja.

THOMAS: Du bist zu sehr darin gefangen, dich mit dem Zeitlichen zu identifizieren. Die Zeit ist nicht die Fülle des Seins. Es gibt das Seiende, und es gibt die Leere. Beides gehört zur Wirklichkeit. Das Ewige, all das, was jenseits der Erscheinungsformen liegt, zeigt sich innerhalb der Zeit, sicher, genau wie sich die Kräfte des Kosmos in konkreten Ereignissen erweisen. Doch das Unsichtbare ist genauso wirklich.

KIM: Und wo bleibt dann die Empfindung für die Schönheit des Wales?

THOMAS: Festgehalten, gewürdigt und erinnert. Das Universum vergißt nichts von Wert. Entspann dich! Du wärest sowieso nicht fähig, an dieser Schönheit dran zu bleiben, egal wie sehr du dich bemühst. Erledige deine Aufgabe, und der Kosmos wird die seine tun.

KIM: Ich hasse den Gedanken, daß ich einfach verschwinde, wenn ich tot bin.

THOMAS: Wenn du die Welt mit deinem Leben überraschst, wird dich die Welt bei deinem Tod überraschen. Stell dir den Tod nicht als Verlöschen vor – so eine uninspirierte Spekulation ist einfach zu prosaisch, um wahr zu sein. Deine dumpfe Vorstellungskraft beleidigt direkt das Erhabene und Wunderbare des Universums. Unreife ist schon in Ordnung, aber projiziere bitte deine unausgegorenen Ideen nicht auf das Universum. Gestern noch hast du nichts von dem urzeitlichen Feuerball oder der atemberaubenden Entwicklung eines Sterns gewußt; trotzdem fühlst du dich kompetent genug zu sagen, das Universum habe mit der Erfindung des Todes einen Fehler gemacht?
Besser als dich vor deinem Tod zu verstecken oder deine Angst davor zu unterdrücken, ist es, deinen Tod zu umarmen. Es wird dir helfen.

KIM: Wieso denn?

THOMAS: Weil es dich dazu bringt, dich zu zeigen. Gerade weil du dir der Grenzen des Lebens bewußt bist, mußt du zwangsweise hervorbringen, was in dir ist; dies ist die einzige Zeitspanne, die dir zur Verfügung steht, um dich zu zeigen. Du kannst dich nicht zurückhalten oder in einer Höhle verstekken, du kannst deine Zeit nicht mit einer bedeutungslosen Arbeit vergeuden und dein Leben mit Trivialitäten vollstopfen – die Dramatik der kosmischen Geschichte würde das nicht zulassen. Den größten Nachdruck legt das Leben darauf, daß du dich auf das Abenteuer einläßt, dich selbst zu erschaffen. Jeder Augenblick deines Lebens trägt unendliche Bedeutung in sich; alles ruht nun auf deiner schöpferischen Kraft, dich selbst zu formen, denn aus dir heraus kommt die höchste Wirklichkeit. Die Kräfte, die die Sterne formten, sind nun in deinem Selbst-Bewußtsein, und sie schaffen für dich dein ureigenes und freiheitliches Abenteuer, deine Überraschung für das Universum.

Ja, der Tod ist erschreckend. Spiel das nicht herunter, versuch nicht, ihn zu verharmlosen oder deine kümmerlichen Vorstellungen auf ihn zu projizieren. Gebrauche stattdessen das Bewußtsein deines Todes als Licht oder Treibstoff: als geheimen Führer, der dich in die unbekannten und geheimnisvollen Höhlen deines Ichs führt, damit du ans Licht bringen kannst, was du wirklich bist. Deine Kreativität braucht dein Todesbewußtsein, um Energie freisetzen zu können, genau wie deine Muskeln ausdauerndes und schmerzhaftes Training brauchen. Würdige dein Todesbewußtsein als Geschenk des Universums an dich. Wenn dir dieser Weg, den unendlichen Wert jedes Augenblicks zu sehen, nicht gegeben wäre – was *sonst* würde dich dazu bringen, dein Leben zu leben?

Das Aufregende gerade an unserer Zeit ist die drohende Vision unseres Todes als Spezies, unseres ganzes Planeten. Sicher, das ist angsteinflößend, schrecklich und entsetzlich. Doch gerade diese Erkenntnis birgt die Macht, unsere tiefsten Reichtümer freizusetzen. Wir können nicht mehr länger mit unserem bisherigen Weltbild leben. Wir wissen, daß wir etwas zu tun haben, daß wir etwas verändern und neu schaffen müssen, und zwar in der grundsätzlichen Sicht der Dinge. Die erschreckende Vision einer erloschenen Erde ist psychische Nahrung für die menschliche Spezies. Sie versorgt uns mit der Energie, die wir benötigen, um uns selbst als Kopf und Herz unseres Planeten neu zu er-finden. Wir unternehmen gerade die ersten Schritte hinein in die planetarische und kosmische Dimension des Lebens, indem wir unser anthropozentrisches modernes Zeitalter verlassen, um in das erwachende kosmozentrische Universum einzutauchen.

KIM: Aber was heißt das, Kopf und Herz unseres Planeten zu werden?

THOMAS: Das heißt, daß wir uns in unserem Leben bewußt werden müssen, daß sich die Kräfte, die die Erde schufen, durch uns ihrer selbst bewußt werden. Aus diesem Grund reden wir über den Nachthimmel, das Meer und das Land. Sie alle enthüllen kosmische Kräfte, die wir haben und zu denen wir werden sollen. Wir sollen als Verlockung und Erinnerung leben, als funkelnde Sensibilität. Und das ist mit der kosmischen Dynamik gemeint, die durch die verschiedenen Lebensformen offenbar wird: Überraschung und Abenteuer. Nenn es ein Spiel – ein Spiel voller Abenteuer und Überraschungen. Das ist es, was das Leben offenbart – das *ist* das Leben.

KIM: Und das ist es, wozu wir werden sollen?

Thomas: Ja. Doch um es nochmals zu sagen: Wir müssen eine besonders wichtige Sache begriffen haben. Darauf, daß wir zu Spiel und Abenteuer werden sollen, bestehen nicht wir alleine – das Universum selbst besteht darauf. Wie in allen vorherigen Fällen auch, schuf das Universum unseren Sinn für wagemutiges Spiel als neueste Extravaganz einer langen Geschichte fortschreitenden Spiels. Wenn wir dies fördern, arbeiten wir Hand in Hand mit dem Saatgut der kosmischen Dynamik. Verstehst du, was ich sagen will?

Kim: Dann fördern wir die Entwicklung des Universums.

Thomas: Genau. Das Leben bestand von Anfang an aus Überraschungen. Die frühesten Organismen tauchten als rein zufällige Neuerscheinungen auf. Diese genetische Mutation nennen wir »zufällig«, weil kein Kontrollmechanismus dahintersteckt. Die Gene zeigen völlige Freiheit in ihrem Handeln. Nichts und niemand kann den Ausgang einer Mutation vorhersagen, bevor die neue Lebensform erscheint.

Das Vorhandensein dieser freien Aktivität wurde durch die genetisch unendlichen Kombinationsmöglichkeiten bei der Fortpflanzung noch gefördert. Nun konnte mit ganzen Komplexen von Möglichkeiten gespielt werden statt nur mit einzelnen Individuen. Das abenteuerliche Spiel der Lebensformen entlud sich in der irritierenden und erhabenen Vielfalt der vergangenen fünfhundert Jahrmillionen. Spiel, Wagnis und Überraschung haben all diese verschwenderische Fülle von Leben und Schönheit hervorgebracht. Die Schöpfung neuer Lebensformen ist nicht vorherbestimmt, sondern das Ergebnis der Freiheit, die dem Leben eigen ist.

Ebensowenig wird das schöpferische Spiel nur auf der genetischen Ebene offenbar. Alle Lebensformen spielen, besonders die Jungen einer Spezies. Bei Säugetieren gibt es einen spürbaren Unterschied zwischen den Jungen und den Alten, nicht nur anatomisch, sondern ebenso im Verhalten; und der auffälligste Unterschied im Verhalten ist die Neigung und die Fähigkeit zum Spielen. Die Jungen betreten das Lebenssystem der Erde, als ob sie nur für das Spielen geschaffen worden wären. Sie gehen auf Entdeckungsreise, überschreiten die normalen Grenzen, springen grundlos in der Gegend herum, wagen sich zu weit vor auf Äste und fallen ins Wasser, wenn dort ihre Aufmerksamkeit durch etwas Neues und Fremdes gefesselt wird. Durch die Jungen wird das zentrale Geheimnis des Lebens offenbart: die Notwendigkeit und die Gelegenheit wagemutigen Spielens.

Schauen wir uns jetzt den Menschen in dieser Hinsicht an. Die Biologen haben entdeckt, daß es unter den Primaten nur wenig genetische Unterschiede von Spezies zu Spezies gibt. Der Schimpanse und der Mensch sind sich in ihren Genpools zu 98 Prozent ähnlich – eine erstaunliche Entdeckung, wenn man bedenkt, wie ungeheuer verschieden die beiden Arten sind. Aber was ist der *wesentliche* Unterschied? Welche Grenze wurde erst bei der Formung des Menschen überschritten und nicht vorher? Ist es etwa die Größe des Gehirns? Gegenwärtige Denkansätze sehen den Unterschied zwischen Menschen und anderen Primaten in der Fähigkeit des Menschen, das Spielen ein Leben lang zur Hauptbeschäftigung zu machen. Als einzige Spezies von allen macht der Mensch Forschungsreisen, überraschende Entdeckungen, Experimente, und lernt dabei vor allem die zentralen Handlungsweisen des Lebens selbst kennen. Die menschliche Form des Lebens läßt sich als das Kind der Erde betrachten. Das wird vor allem dann klar, wenn wir die Anatomie der anderen Primaten untersuchen. Der Kopf eines jungen Schimpansen ähnelt in Form und Größe dem Kopf eines Kindes; wenn der Schimpanse jedoch ausgewachsen ist, verändert sich sein Kopf auf bezeichnende Weise. Im Vergleich dazu bleibt der menschliche Kopf stets dem des Kindes ähnlich, er wird nur größer. In der Tat sieht der Kopf eines Schimpansenkindes eher wie der Kopf eines erwachsenen Menschen aus, als daß er seine eigene zukünftige ausgewachsene Gestalt schon erkennen ließe. Diese Dynamik, die dafür sorgt, daß Eigenschaften der Jungen auch im Reifestadium erhalten bleiben, nennt man Neotenie. Nun können wir also damit anfangen, den Menschen als ewiges Kind zu betrachten. Die ersten Menschentypen waren Primaten, die ihre Jugend nie »verlassen« haben. Die Formen ihrer jugendlichen Körper wurden ins Erwachsensein übernommen, genauso ihr jugendliches Verhalten. Die große Leistung der menschlichen Gattung war demnach die Schaffung einer reifen Form von Kindheit, einer Lebensform, die sich auch nach dem Erwachsenwerden weiterhin einem Leben des spielerischen Abenteuers hingeben kann.

Nun siehst du, was ich damit meine, daß das Leben darauf besteht, daß wir die kosmische Dynamik des wagemutigen Spiels entwickeln.

KIM: Und wenn nicht, blockieren wir wieder die Entfaltung des Lebens, stimmt's?

THOMAS: Ja, das ist die Sackgasse, die uns als Spezies droht. Wir können uns das so vorstellen: Jede Spezies hat ihr eigenes Habitat, also den Lebensraum, wo sie wachsen und gedeihen kann. Wenn eine Spezies den für sie richtigen Lebensraum nicht finden kann, können ihre wahren Lebenskräfte nicht geweckt werden. Eine Gattung, die ihr Habitat abgelehnt hat, vergeht, wie wir überall um uns herum sehen. Was ist das wahre Habitat für den Menschen? *Das wagemutige Spiel.* Ein Mensch, der diesen Lebensraum des Abenteuers, der Überraschung und des Spiels verleugnet, verleugnet die Gelegenheit, wahrhaft menschlich zu werden.

Unsere Ängste heutzutage beruhen auf unserem Versagen, unser wahres Talent zu erkennen. Wir dachten, wir sollten zu Vollzeitkonsumenten in einer großen weltumspannenden Konsumgesellschaft werden. Das bringt aber keine Befriedigung; dafür machen wir letztlich bloß die paradiesischsten Flecken unserer Erde zu Müllplätzen. Wir versuchten, als bloße Anhängsel unserer Maschinen zu leben, und entdecken dabei nur die unerbittliche Sinnlosigkeit inmitten von Dreck und Lärm. Was hätten wir sonst erwarten sollen, wo wir doch außerhalb unseres Habitats zu leben versucht haben? Kann ein Wal etwa in Salzsäure leben? Kann eine Eiche in einer Schlakkengrube Wurzeln schlagen? Wir werden letztendlich nur dann unsere Bestimmung finden, wenn wir verstehen, daß wir als Abenteuer und Spiel leben sollen.

KIM: Was würde das genau bedeuten?

THOMAS: Wer weiß? Das ist ja die große Sache! Wir können nicht einfach eine andere Spezies fragen. Das ist der springende Punkt! Abenteuer heißt, das Wagnis des Unbekannten auf sich zu nehmen. Echtes Spielen geschieht ohne vorherbestimmte Richtung oder Vorgabe. Wir sind auf der Welt, um zu forschen, zu lernen so viel es nur geht, neue Sachen auszuprobieren – und vor allem, um zu *lachen.* Der Humor enthüllt schon die Gegenwart des zu Abenteuern bereiten Spiels – ein Lachen aus vollem Hals ist vielleicht der einzige wahrhaft menschliche Schrei.

Sei nicht traurig, daß du so wenig über deine Bestimmung weißt, denn das kosmische Spiel wird sich selbst zu Bewußtsein bringen. Vertraue dem ganzen kosmischen Prozeß. Er hat schon zwanzig Milliarden Jahre Arbeit hinter sich; glaube mir, du bist für deine Aufgabe gut vorbereitet. Denk an die ungeheure Arbeit aller Lebensformen, die schließlich bei dir, dem endgültigen Kind dieses Planeten, angekommen ist. Sie haben ihre Arbeit getan, tue du nun deine! Tauche ein in die Arbeit des Lebens, damit das Unerwartete sich seiner selbst bewußt wird. Du bist das Wesen dieser Überraschung, du bist Herz und Mittelpunkt des Spiels. Zeige dich selbst so wahrhaftig wie du kannst, und von da an wirst du leuchten in der Freiheit, Ausgelassenheit und Fruchtbarkeit des schöpferischen Spiels. Wenn ich sage, daß Spielen für die menschliche Spezies unentbehrlich ist, dann deckt sich das mit allem, was kreative Wissenschaftler und Künstler und die großen Heiligen für ihr eigenes Tun als wesentlich erachteten. Spiel, Phantasie, Vorstellungskraft, die Freiheit, alle Möglichkeiten zu erforschen: Das sind die zentralen Kräfte der menschlichen Persönlichkeit. Die Entwicklung der Erde hängt davon ab, daß sich der Mensch zu seiner Bestimmung entwickelt, ein Selbstporträt des wagemutigen Spiels zu werden. Wer weiß? Vielleicht sind die anderen Spezies auch fähig, tiefgründig und spielerisch Beziehungen zu erforschen und vielleicht warten sie nur darauf, daß wir anfangen. Vielleicht ist die gesamte Welt der Natur eine ungeheure Party, ein Festival – und wir sind der langersehnte Champagner.

DAS FEUER

KIM: Weißt du, gerade beim Zuhören habe ich etwas Seltsames bemerkt: Ich war ganz aufgeregt, und ich dachte mir, ich könnte ein Meister des Spiels werden. Ich weiß nicht mal, was das ist, aber ich dachte mir: Es wäre wundervoll, wenn es irgendwo Schulen geben würde, die den Menschen beibringen, wie man ein echter Meister in der Kunst des Spielens wird. Seltsam daran ist bloß, daß mir diese Idee überhaupt nicht seltsam *vorkam*. Verstehst du? Ich habe noch nie im Leben über so etwas nachgedacht, und wenn mir jemand so etwas vorgeschlagen hätte, hätte ich ihn für verrückt gehalten. Gerade eben habe ich aber völlig ernsthaft darüber nachgedacht. Ist *das* nicht seltsam?

THOMAS: Daß du mit der Idee ankommst, ein Meister des Spiels zu werden?

KIM: Nein, nein. Ich meine: Was davon war mein wirkliches Ich? Das von früher, das die Idee einfach für verrückt gehalten hätte, oder das von jetzt, das das Ganze wirklich für möglich hält?

THOMAS: Was davon dein wahres Ich ist?

KIM: Genau.

THOMAS: Also, das Seltsame dabei ist, daß sich dein wahres Selbst niemals als Inhalt all deiner Gedanken und Gefühle bestimmen läßt. Egal wie weit du mit deiner Selbsterkenntnis vorankommen wirst, du wirst niemals fähig sein zu sagen, was dieses Ich ist. Wir machen uns immer Bilder von diesem Ich, doch das sind nur Bilder.

Denk einen Moment darüber nach. Wenn du sagen könntest, was dieses Ich *ist*, wer macht dann diese Aussage? Offensichtlich irgend etwas, das noch hinter dem Sprechen und Verstehen liegt.

KIM: Das ist wieder so verwirrend.

THOMAS: Dein Ich ist das, was dich *organisiert*, nicht das, was in dir organisiert oder geformt *wird*. Du hast gerade gesagt, daß du über die Möglichkeit nachdenkst, ein Meister des Spiels zu werden. Diese neue Synthese wird dir durch die selbst-organisierende Aktivität angeboten, die du selber *bist*. Das Ich läßt sich niemals vollständig in Worten, Ideen, Bildern oder kreativen Werken erfassen. Im Gegenteil, es ist das Ich, das dies alles *macht*; das Ich ist die Kraft, die all diese Dinge formt.

Wir müssen in diesem Zusammenhang das Universum als Ganzes ansehen und das Ich im Kontext des sich entfaltenden Universums untersuchen. Unser Gespräch dreht sich nun um eine weitere kosmische Dynamik, die sich am besten angesichts des FEUERS offenbart.

Was ist überhaupt FEUER? Stell dir eine brennende Kerze vor: dünner, schwarzer Rauch, der ständig über dem orangegelben Licht emporsteigt; der Docht: an der Spitze schwarz, darunter weiß; das Wachs: am oberen Ende der Kerze flüssig, weiter unten fest, dampfend in der Nähe des Dochtes. Und was ist die Flamme? Ist sie das Licht, das in alle Richtungen abgegeben wird? Das Wachs, sobald es mit dem Sauerstoff reagiert? Oder die chemischen Produkte, die aus dieser Verbindung entstehen?

KIM: Können wir nicht einfach sagen: Die Flamme ist all diese Dinge zusammengenommen?

THOMAS: Nein, nicht ganz. Sie zeigen die Aktivität der Flamme. Aber ziehe das Folgende mit in Betracht. Wenn ich die Dicke des Dochtes und die Zusammensetzung des Wachses ändere, verwandelt sich die gesamte Ansicht. Die Farbe und die Temperatur von Licht und Rauch verändern sich, und doch erkennen wir es weiterhin als Flamme. Die Flamme organisiert ihr eigenes Bestehen, indem sie all die verschiedenen Stoffe in diesem Prozeß integriert; so wird sie zu einem Bild unserer eigenen verborgenen Selbstorganisation.

Wir sagen, die Flamme *sei* diese organisierende Aktivität. Sie zeigt sich, indem sie Stoffe auf bestimmte Weise in ein System bringt. Auch wenn man die Stoffe austauscht und die verschiedenen Bedingungen verändert, kann sich die Flamme mit diesem neuen Material immer noch zeigen. Die Flamme ist eine Aktivität, eine selbst-organisierende Kraft, die spontan hervorbricht und sich zeigt, wann immer sie dazu in der Lage ist.

Du bist der Flamme ähnlich. Hier stehst du nun im Universum, und wenn bestimmte Bedingungen gewährleistet sind – Nahrung, Luft, Schönheit, Faszination, die Verheißung des Abenteuers –, springst du ins Leben. Du zeigst dich in der Weise, in der du das Material deiner Welt organisierst: deine

Ideen und Empfindungen, deinen Körper und deine Beziehungen. Du bist nicht allein das, was du tust, nicht nur das, was du denkst, nicht nur das, wovon du überzeugt bist. Du bist dasjenige, was dies alles formt. Du bist die Kraft, die das ganze komplexe Kunstwerk deines Lebens, die dein Offenbarwerden in dieser Welt erschafft.

KIM: Und jetzt behauptest du, diese selbst-organisierende Aktivität sei eine weitere kosmische Dynamik?

THOMAS: Richtig.

KIM: Und sie findet sich vor allem bei den höheren Tieren?

THOMAS: Sie ist überall zu finden, darum bezeichnen wir sie ja auch als *kosmische* Dynamik, und darum habe ich auch gerade das Feuer benutzt, um diese Dynamik aufzudecken. In Gegenwart einer Flamme sind wir dieser organisierenden Kraft ganz nah.

KIM: Gibt es noch andere Beispiele dafür?

THOMAS: Natürlich. In einem Wirbelsturm ist die selbstorganisierende Aktivität auf äußerst kraftvolle Weise gegenwärtig. Der Wirbelsturm bleibt bestehen, ob er sich über einer Wüste, bebautem Land oder dem Ozean befindet. Er bringt alle möglichen Materialien in einen Prozeß ein, den wir als Wirbelsturm wahrnehmen. Er widersteht allen Versuchen, seine Existenz zu zerstören, genau wie du dich gegen Versuche wehren würdest, deine Existenz zu zerstören. Ob nun der Wirbelsturm, die Flamme oder du: Jeder von euch ist ein organisierter Prozeß, in dem verschiedene Teile in ein Ganzes hineingezogen werden; und das Ganze selbst wiederum engagiert sich in dieser stetigen Aktivität.

KIM: Du redest, als ob der Wirbelsturm ein eigenes Selbst hätte.

THOMAS: Was ist ein Selbst?

KIM: *Ich* bin eines. Ich bin mir dessen bewußt, was ich tue.

THOMAS: Du besitzt ein Selbst-Bewußtsein, das stimmt, aber ein acht Tage alter Säugling sicher nicht. Und dennoch betrachten wir ein Menschenbaby als eigenes Selbst.

KIM: Also was ist dann ein Selbst?

THOMAS: Unsichtbares Gestalten. »Selbst« ist vielleicht nicht der beste Ausdruck für diese Aktivität, doch wir müssen uns die autonomen Zentren der Aktivität überall um uns herum irgendwie bewußt machen. Eine Flamme ist unsichtbares Gestalten, genauso ein Wirbelsturm. Beide zeigen eine grundlegende Dynamik des Universums, die wir gern übersehen.

Das ist der Grund, warum ich dazu neige, eine Flamme als »Selbst« zu betrachten. Auch ein Baum ist ein solches »Selbst«: Sein Wesen ist viel mehr unsichtbares Gestalten als Blätter, Rinde, Wurzeln, Zellulose oder Obst. Der Baum als Selbst organisiert all seine millionenfachen Aktivitäten, damit er mit der Luft, dem Regen und dem Sonnenlicht in Beziehung treten kann. Was organisiert all diese Stoffe? Ist es etwas, was wir sehen können? Oder anfassen? Nein. Dasselbe gilt für die Menschen. Wer organisierte deine Gedanken, so daß du auf einmal erwogen hast, ein Meister des Spiels zu werden?

Wir können nicht auf etwas Physikalisches zeigen und sagen: »*Da* ist es, das Selbst!« Das gilt für die Aktivität des Baumes wie für die des Menschen. Das bedeutet, daß wir die Bäume *anreden* müssen. Wir müssen zu allen Dingen reden, wir müssen ihnen in dem Bewußtsein gegenübertreten, daß wir uns in Gegenwart eines numinosen Geheimnisses befinden. Wer formt den Baum? Wer formt meine Gedanken? Wir befinden uns im Geheimnis des Selbst.

Kim: Aber der Baum weiß doch gar nicht, daß ich ihn anrede.

Thomas: Woher weißt du das? Aber ich mache mir nicht über den Baum hier Sorgen, sondern über die Menschen. *Wir* haben es nötig, zu Bäumen und allen anderen Dingen zu reden. *Wir* sind diejenigen, die die Ehrfurcht, das Geheimnisvolle und das Staunen über das Leben vergessen haben. Wir halten Bäume für Feuerholz, für eine Vorstufe von Sperrholz, für noch nicht lackierten Parkettfußboden. Wir haben uns eingeredet, sie seien nur tote Masse, die zwanzig Jahre lang herumsteht, bis wir vorbeikommen, um sie abzuholzen. Wir machen uns etwas vor.

Wir müssen uns dem Geheimnis des unsichtbaren Gestaltens stellen. Der Baum hat seine eigene Bestimmung im Wald, sein eigenes Leben, sein eigenes Los – und dies alles findet außerhalb unserer kleinen zweibeinigen Projekte statt. Der Baum ist aus dem Stoff derselben Supernova gemacht wie du. Er schwebte gleich neben dir durchs All, seine Elemente vermischt mit denen deines Körpers. Und jetzt existiert er als Baum, mit seinen eigenen Hoffnungen auf Regen und Sonnenschein und alles, was er braucht. Er weiß genau, was er braucht, und wenn diese Dinge zur Verfügung stehen, drängt es ihn dazu, seine Präsenz zu zeigen. Wenn er nicht bekommt, wonach er sich sehnt, leidet er mit Sicherheit, er welkt und stirbt.

KIM: Ich kann mir nicht vorstellen, was ich einem Baum erzählen soll.

THOMAS: Sag gar nichts. Mach deinen Mund zu in Gegenwart der Bäume. Denke nur. Stell dich dort hin und denke bei dir selbst: »Da bist du nun, Baum Du wächst, entwickelst dich, freust dich am Regen, am Sonnenschein und am Erdboden. Ich weiß nicht, wie dein Leben so ist, wenn du die ganze Nacht im Schnee stehst und die Eulen an deiner Rinde kratzen – oder wenn du dastehst und tonnenweise Sonnenlicht aufsaugst. Ich weiß nicht einmal wie es ist, auf Sonnenschein zu hoffen, oder hilflos dazustehen, wenn ein Waldbrand dich hinwegfegt. Ich kann mir auch nicht vorstellen, welche Freude du empfindest, wenn die Sonne scheint und alle deine immensen Lebensvorgänge überschäumen, Tonnen von Wasser ausstoßen und solch komplexe Samen hervorbringen. Doch was immer deine Bestimmung sein mag, ich wünsche mir, daß du weiter danach leben kannst. Welcher Beziehungen mit der Lebenskraft der Erde du dich auch erfreust, ich möchte, daß du weiterhin daran Freude hast. Ich weiß weder, was meine eigene Bestimmung ist, noch welche Beziehungen mich in Zukunft erfreuen werden, aber zusammen bilden wir einen Teil dieses ungeheuren Geheimnisses des irdischen Lebens, und das ist im Moment genug.«
Erinnere dich – der Baum hat es nicht nötig, angesprochen zu werden. *Du* hast es nötig, den Baum anzusprechen. Du bist das Universum, wie es in sein eigenes Selbst-Bewußtsein hineindrängt. Deine Aufgabe ist es, dir der Bäume und all dessen, was es gibt, zutiefst bewußt zu werden.

KIM: Okay, ein Mensch ist so ein Selbst, ein Baum, eine Flamme...

THOMAS: *Alles, was es gibt!* Es gibt nichts, was außerhalb des unsichtbaren Gestaltens existiert. Denke an ein Atom. Niemand muß einem Elektron beibringen, was s- und p-Orbitale sind. Bringe Elektronen, Protonen und Neutronen unter den richtigen Bedingungen zusammen, und du siehst das Helium-Selbst erscheinen. Das unsichtbare Gestalten bringt die Teilchen in die stabile Gemeinschaft des Heliums oder irgendeines anderen Atoms. Wenn diese Atome nun irgendwelche anstrengenden Situationen durchmachen, dann passen sie sich so an, daß sie sich behaupten können. Sie absorbieren Energie oder strahlen sie ab, sie wandeln und organisieren sich so, daß sie überdauern. Das ist genau das, was das Selbst tut: sich selbstorganisieren. Atome und Flammen, Wirbelstürme und Bäume – in ihnen allen zeigt sich eine konzentrierte, unsichtbare formende Kraft am Werk.

KIM: Aber warum habe ich nie gelernt, daß ein Atom ein Selbst hat?

THOMAS: Wir haben nie viel über Atome gewußt. Newton sprach über Atome als tote, massive Kugeln. Dalton hat im 19. Jahrhundert die Existenz von Atomen hypothetisch gefordert, um verschiedene Phänomene erklären zu können. Erst zu Beginn des 20. Jahrhunderts sind wir dem Leben eines Atoms auch nur nahegekommen, und in den letzten Jahrzehnten waren wir so in Bann geschlagen von der Dynamik, die wir dort gefunden haben, daß wir nie genug Abstand genommen haben, um die Ähnlichkeit zwischen der selbst-organisierenden Kraft eines Atoms und, sagen wir, der eines Baumes wahrzunehmen. Ähnliches gilt für unsere Beziehung zu unserer Erde. Nie zuvor hatten wir die Gelegenheit, die ganze Erde mit empirischen Methoden zu untersuchen. Erst jetzt erkennen wir endlich, daß die Erde ebenso ein eigenes Selbst ist. Die Erde ist ein selbst-organisierender Prozeß von erstaunlicher Komplexität und Leistung. Es ist eine Frage der Vertrautheit: Je näher wir einem Verständnis der gesamten Erde kommen, desto offensichtlicher wird, daß die viereinhalb Milliarden Jahre der Evolution auf diesem Planeten wie eine einzige gigantische Embryogenese sind. Irgend etwas ist dabei zu entstehen, auszuschlüpfen und sich zu entfalten, und wir sind das Selbst-Bewußtsein und das Herz des ganzen numinosen Vorgangs.

KIM: Aber welche unserer Erkenntnisse zeigen uns, daß die Erde so ein Selbst ist?

THOMAS: Wir wissen jetzt zum Beispiel, daß die Erde über ungefähr drei Milliarden Jahre eine stabile Temperatur bewahrt hat. Wenn ich *bewahrt* sage, dann meine ich damit dieselbe selbst-organisierende Aktivität als Urheber, die die Flamme befähigt, ihre eigenen Vorgänge unter verschiedenen Bedingungen aufrechtzuerhalten. Die Erde wurde von der Sonne erwärmt, natürlich – jedoch die Sonne hat ihre Temperatur nicht beibehalten. Die Sonnentemperatur ist angestiegen, seit es die Erde gibt, und zwar um mindestens 25 Prozent gegenüber dem ursprünglichen Wert. Die Erde hat auf die Veränderung der Bedingungen reagiert und sich angepaßt, genau wie das Atom, der Baum und die Flamme sich an neue Gegebenheiten anpassen. Die Erde organisiert ihr Material so, daß es die schmale Bandbreite von Bedingungen bewahren kann, die es dem Leben auf ihr ermöglicht, sich zu entfalten und fortzubestehen.

KIM: Woher wissen wir, daß sich die Temperatur der Erde immer in diesen engen Grenzen gehalten hat?

THOMAS: Das kybernetische System des Energieaustausches auf der Erde reagiert äußerst empfindlich auf jede Temperaturänderung. Schon ein Absinken der Durchschnittstemperatur der Erde um nur zwei Grad würde dazu führen, daß die Erde zu einem soliden Eisklumpen gefrieren würde.

KIM: Aber warum konnten Mars und Jupiter nicht das Gleiche machen?

THOMAS: Sie haben es versucht! Die Evolution auf dem Mars hat Milliarden Jahre lang bestanden. Am Anfang glichen die Vorgänge in vielen Dingen denen auf der Erde, doch der Mars war nicht fähig, seine Evolution fortzuführen und hat sie fast vollständig zum Erliegen gebracht. Die Lage ist wieder so ähnlich wie bei der Flamme: Eine Flamme wird an jedem Ort des Universums zu flackern beginnen, wo eine bestimmte Menge von Bedingungen erfüllt wird. Fügt man Wachs, Sauerstoff und einen Docht unter bestimmten Druck- und Temperaturverhältnissen zusammen, beginnt die Flamme zu tanzen. So ist es auch mit den Planeten. Die Erde hat diese Bedingungen aufrechterhalten können, weil sie am richtigen Ort mit dem richtigen Material begonnen hatte. Mars war nahe daran, konnte sich aber nicht dauerhaft innerhalb dieser Bedingungen einordnen.

KIM: Das ist ja irre. Ich begreife jetzt, was du über das Wesen dieser Revolution sagen willst.

THOMAS: Viel zu lange haben wir die Erde bloß als große tote Dreckkugel betrachtet. Es erschüttert die Grundfesten unseres Verstandes, wenn wir entdecken, daß wir in etwas mittendrin stecken, das sich *bewegt*. Kopernikus hat gesagt, daß sich die Erde bewegt: Er meinte damit, daß sie um die Sonne kreist.

Wenn wir sagen, daß die Erde sich bewegt, meinen wir, daß der ganze Prozeß *lebendig* ist. Die Erde bewegt sich. Dies ist in einem Satz das Herzstück unserer kosmischen Revolution.

KIM: Aber wie macht die Erde das? Wie organisiert sich die Erde selbst? Und wo handelt die Erde, wenn sie das alles tut?

THOMAS: In deinen Verlockungen, deinen Hoffnungen, besonders in deinen tiefsten Zukunftsträumen.

KIM: Aber wie…

THOMAS: Der gesamte Prozeß ist in jedem einzelnen Geschöpf gegenwärtig. Die Dynamik, die den Feuerball und die Galaxien gestaltet hat, formt auch deine Ideen und Visionen. Das ist nicht plump gemeint; das ganze System des Seins und des Lebens zeigt sich genauso in jedem einzelnen Ereignis. Durch deine ureigensten, persönlichen Träume und Sehnsüchte ist der ganze Prozeß in deinem eigenen Ich gegenwärtig. Der Makrokosmos ist nicht vom Mikrokosmos abgekoppelt.

KIM: Aber wie? Ich versteh nicht, wie das geschieht.

THOMAS: Es ist nicht möglich, daß du diese erweiterte Sicht für die Dynamik der Wirklichkeit auf leichte Weise verstehen lernst. Wir sind jahrhundertelang in einer atomisierenden Sichtweise geschult worden, die nicht gestattet, die Gegenwart des Ganzen im Individuum zu verstehen. Aber wir können über ein aktuelles Beispiel aus dem Bereich der irdischen Prozesse nachdenken, das unsere Aufmerksamkeit in die richtige Richtung lenken wird.
Der Sauerstoffgehalt unserer Atmosphäre liegt bei fast 21 Prozent; er ist über mehr als eine Milliarde Jahre aufrechterhalten worden. Wie ist es dazu gekommen? Die Stoffwechselvorgänge

der ersten Mikroorganismen auf der Erde, die Prokaryoten, fügten der Atmosphäre Sauerstoff hinzu und erhöhten langsam den prozentualen Anteil. Wenn diese Geschöpfe unablässig hätten fortfahren können, wäre der Sauerstoffgehalt der Atmosphäre offensichtlich wesentlich höher. Doch es kam der Zeitpunkt, da ihnen die Sauerstoffkonzentration zuviel wurde, und sie hörten auf, die beherrschende Spezies der Erde zu sein. Sie tauchten hinab auf den Grund von Teichen oder versteckten sich in anderen Geschöpfen. Auf der anderen Seite wäre der Sauerstoffgehalt viel niedriger als er heute ist, wenn diese Prokaryoten nicht solange fortbestanden hätten.

Das Interessante ist nun, daß die gegenwärtige Konzentration von Sauerstoff auf der Erde von den genetischen Möglichkeiten und Grenzen der Prokaryoten abhängt. Niemand kam und befahl ihnen, mit der Sauerstoffproduktion aufzuhören, als die und die Konzentration erreicht war. Sie fuhren einfach fort, sich ihres Lebens zu freuen, bis die Bedingungen für ihre genetisch verankerten Beschränkungen zu schädlich wurden. Sie organisierten sich selbst, all diese kleinen Selbsts, während der ersten Äonen der Erde und machten damit weiter, ohne sich irgendwelcher Konsequenzen ihres Verhaltens für die Erde bewußt zu sein.

In unserem Jahrhundert jedoch haben wir etwas über diesen Sauerstoffanteil in unserer Atmosphäre gelernt. Wenn die Sauerstoffkonzentration nur um einige Prozentpunkte erhöht würde, würden sich die Bedingungen so verändern, daß schon ein einziger Blitz einen ganzen Wald, einen ganzen Kontinent in ein Flammenmeer verwandeln würde. Wenn auf der anderen Seite die Sauerstoffkonzentration deutlich niedriger wäre als heute, hätten wir nicht das große Angebot an potentieller chemischer Energie, die für höhere Tierarten erforderlich ist.

Die Erde hat eine Atmosphäre geschaffen, die so viel chemisches Potential wie nur möglich zur Erschaffung des Tierreiches zur Verfügung stellte, während sie gleichzeitig die Gefahr globaler Katastrophen durch spontane Ausbrüche wütender Feuersbrünste vermied.

Das ist wirklich erstaunlich; aber wir müssen uns jetzt besonders mit diesen kleinen Mikroorganismen beschäftigen, die den Sauerstoff produziert haben. Woher wußten sie, wann sie aufhören mußten? Sie wußten nichts von der Makrostruktur der Biosphäre. Sie kannten nur ihre eigenen Verlockungen inmitten ihrer eigenen unsichtbar gestaltenden Kräfte. Das gesamte System Erde war in diesem Mikroorganismus gegenwärtig. Die Makrostruktur war gegenwärtig in den »eingebauten« genetischen Grenzen der Mikrostruktur. Ist das nicht erstaunlich?

KIM: Aber wie ging das, wie hat die Erde das...

THOMAS: Wir wissen es nicht. Wir haben so wenig Übung darin, in ganzen Systemen zu denken, daß wir momentan nur Vermutungen anstellen können. Der Punkt, den ich betonen wollte, ist die faszinierende Vernetztheit des gesamten irdischen Prozesses. Die Prokaryoten existieren nicht losgelöst von der Atmosphäre, von den komplexen vielzelligen Lebensformen, von der Erde als selbstorganisierender Einheit. Ich denke, wir sollten die Prokaryoten als Maskottchen für die Ära der Erde nehmen, die sich vor uns zu entfalten beginnt. Gibt es einen besseren Organismus, um das ungeheure und rätselhafte Geheimnis der Embryogenese der Erde zu symbolisieren? Welches Geschöpf könnte uns besser daran erinnern, daß unsere eigene Sehnsucht ihre Wurzel in den Sehnsüchten der Erde selbst hat?

KIM: Ich soll wie ein Prokaryot werden?

THOMAS: Dabei mußt du doch nicht so ein Gesicht ziehen! Wir wollen einfach *hoffen*, daß wir mit einigen der Errungenschaften der Prokaryoten wetteifern können.

KIM: Auf welche Weise?

THOMAS: Erstens wäre es herrlich, wenn wir zum Leben auf der Erde etwas ähnlich Wichtiges beitragen könnten wie Sauerstoff. Alle Tiere sind auf die Kreativität der Prokaryoten angewiesen. Glaubst du der *Homo sapiens* könnte sich damit messen, oder dem Wert unserer kleinen mikroskopischen Vettern wenigstens nahekommen?

Zweitens müssen wir nach unseren angeborenen Sehnsüchten in dem Vertrauen handeln, daß diese nicht von dem Ganzen des irdischen Prozesses abgekoppelt sind. Wir sind gerade dabei, unsere tiefe Abscheu gegen die industriellen Exzesse unserer Konsumgesellschaft zu entdecken. Diese Abscheu ist genetisch verankert, genau wie Krebs und andere Zivilisationskrankheiten genetisch verankert sind. Unsere Abscheu und unsere Krankheiten sind die Art, wie uns die Erde klarmacht, was wir eigentlich zu tun haben.

Drittens – und das ist am wichtigsten – müssen wir unsere Träume, die wir für die Erde haben, hegen und feiern. Mit unserer Vorstellungskraft schaffen wir ein Zeitalter des Wiederaufbaus, in dem eine geradezu liturgische Gemeinschaft aller Spezies die Aktivitäten unseres Lebens leiten wird. Wir müssen auch endlich verstehen lernen, daß unsere Träume ihren Ursprung nicht allein in unseren Gehirnen haben. Wir sind der Freiraum, in dem die Erde träumt. Wir sind die Vorstellungskraft der Erde, dieses wertvolle Reich, in dem

Visionen und zukunftsgestaltende Hoffnungen mit einem scharfsinnigen Bewußtsein ausgesprochen werden können, das es im ganzen System Erde kein zweites Mal gibt. Wir sind nur dann Kopf und Herz der Erde, wenn wir die Erde dazu befähigen, ihre Aktivitäten durch unser Selbst-Bewußtsein zu organisieren. Das ist unsere größere Bestimmung: der Erde zu gestatten, sich auf neue Weise zu organisieren; auf eine Weise, die während all der Milliarden Jahre vor dem Auftauchen der Menschheit unmöglich war. Wer weiß, welcher Reichtum an Möglichkeiten auf einen Planeten – und auf dessen Kopf und Herz – wartet, der diese ungeheuer reiche und komplexe Lebensform erreicht hat?

DER WIND

THOMAS: Unsere letzte kosmische Dynamik wird durch den WIND offenbar. WIND entsteht, wenn Wärme sich von einem Ort zum anderen bewegt. Das ganze Universum dehnt sich genau auf diese Weise aus: Wenn wir den Nachthimmel betrachten, sehen wir, daß die Galaxien sich alle von uns fort bewegen. Je weiter eine Galaxis von uns entfernt ist, desto schneller rast sie davon. Das ist das Ergebnis der urzeitlichen Feuerballexplosion zu Beginn, als alle Materie in schrecklich heißer und dichter Form existierte; seit dieser Zeit rennt sie vor sich selber davon, nun schon seit 20 Milliarden Jahren. Der Wind enthüllt die kosmische Dynamik der Ausdehnung aus einem Bereich hoher Konzentration. Diese Dynamik erzeugt den Wind auf unserem Planeten und, in der Makrostruktur des Kosmos, die Expansion des Universums.

KIM: Hat diese... Dynamik einen Namen?

THOMAS: Gewöhnlich nennt man sie den Zweiten Thermodynamischen Hauptsatz. Wenn du zum Beispiel den Mittelpunkt einer Metallplatte mit einer Lötlampe erhitzt, drängt die Hitze vom Zentrum fort in alle Richtungen. Hitze staut sich nicht an einem Punkt. Eine vergleichbare Situation aus dem Bereich der Elementarteilchen nennt man »Paulis Ausschließungsprinzip«, demzufolge niemals zwei Elektronen den gleichen Zustand einnehmen dürfen. Die Elektronen in einem Atom können sich nicht aufeinanderstapeln, sondern verteilen sich so, daß jedes sich in einem anderen Energiezustand befindet. So auf dem Gebiet der Biologie bezeichnen die Völkerkundler eine ähnliche Situation als »Abwanderungsverhalten«, wenn Jugendliche in einer programmierten Streuung aus dem Gebiet ihrer Vorfahren ausgesandt werden.

All diese verschiedenen Ausdrücke sind das Vermächtnis unserer Aufspaltung der Welt, um sie von vielen Standpunkten aus zu untersuchen – mit Sicherheit eine wirksame analytische Methode, aber eine, die es uns schwermacht, ein einziges stimmiges Bild des Ganzen zu gewinnen. Ähnlich zersplittern wir die Verlockung: In der Physik heißt sie »Gravitation«, im Tierreich »Instinkt« und beim Menschen »Interesse«.

KIM: Gibt es einen Begriff, der für den Menschen paßt? Einen, der auf die kosmische Dynamik des Windes hinweist?

THOMAS: Ja: Überschwang. Wenn du dich verliebst, spürst du dann nicht ein unwiderstehliches Bedürfnis, dieser Freude auf irgendeine Weise Ausdruck zu geben? Wenn dir dabei poetische Äußerungen entströmen, ist das die menschliche Analogie dazu, was bei Galaxien aus Gebieten mit extrem hoher Konzentration entströmt.

Wir können die kosmische Dynamik als eine einzige Aktivität verstehen, die ich *Feiern* nenne. Im besonderen meine ich mit Feiern den Aspekt des *Verkündens*, wie wir etwa eine neue Entdeckung auf einem Gebiet der Wissenschaft feiern. Feiern enthält damit die grundlegende Dynamik der Expansion von einem Mittelpunkt aus, mit Neuigkeiten, die von diesem Zentrum ausgehen. Die Grundrichtung der Bewegung geht von einem reicheren Gebiet in ein ärmeres. Alle Elemente waren einmal im Kern einer Sonne konzentriert und wurden dann in alle Richtungen ausgesandt, in die an Elementen arme Nachbarschaft. Junge Löwen werden an einem bestimmten Fleck der Serengeti-Ebenen geboren und aufgezogen, wenn sie groß sind, ziehen sie dann aber frei hinaus in weniger bevölkerte Regionen. Alle Erkenntnisse der Buddhisten waren zuerst an einem Fleck des indischen Subkontinents konzentriert und breiteten sich dann aus, als Frauen und Männer nach China zogen; ihre Ausstrahlung reichte bis nach Tibet und Südostasien, so daß auch dort die Neuigkeit verkündet werden konnte. Jede Überkonzentration von Leben führt in einem natürlichen Prozeß zu Entfaltung und Expansion.

KIM: Eine Supernova ist voll mit Elementen, das verstehe ich. Und Wind benötigt eine hohe Wärmekonzentration. Aber was ist beim Menschen in so einer hohen Konzentration da?

THOMAS: Leben. Oder, einfacher gesagt, das Universum. Nachdem man die Gegenwart von etwas in sich aufgesogen hat, ist einfach mehr da als vorher.

KIM: Mehr Universum?

THOMAS: Genau. Das Universum ist intensiver gegenwärtig als vorher und sehnt sich danach, in der Feier seiner selbst zu explodieren. Wenn du dich eine Weile im Wald aufgehalten und deine Sensibilität für die Gegenwart des Waldes geschärft hast, läßt sich der Reichtum, der in dir konzentriert ist, nicht mehr halten. Überall wo du gehst und stehst, strahlst du *Wald* aus, egal ob du überhaupt auch nur ein einziges Wort sagst. Es wäre ein hoffnungsloser Versuch, dieses natürliche Ausströmen von Leben zu unterbinden – oder die Expansion der Galaxien aufzuhalten.

Das Leben drängt sich in konzentrierte Fülle hinein, um dann in einer Explosion der Freude emporzuschießen: Eine Künstlerin stellt ihr Werk öffentlich aus, Eltern sorgen für ihre Kinder mit verschwenderischer Liebe.

KIM: Das finde ich gut! Ist das alles neu?

THOMAS: Eigentlich nicht. Das Verständnis des Lebens innerhalb der kosmischen Schöpfungsgeschichte schon. Aber der dem Leben innewohnende Drang, sich zu entfalten, ist schon auf verschiedene Weise gewürdigt worden. Klassische Theologen sprachen von der ontologischen Sehnsucht des Höchsten Wesens, Güte auszuströmen und das Leben spontan zu teilen und zu entzünden. Sie erklärten den Wunsch des Menschen danach, Leben und Sein zu teilen, als Anteilhabe am Höchsten Wesen, an der Göttlichen Wirklichkeit.

KIM: Dann ist diese Sehnsucht, zu teilen und als Quelle des Guten zu dienen, ja ganz real, oder angeboren – jedenfalls etwas Elementares. So sind einfach alle Dinge, sogar physikalisch.

THOMAS: Verankert im Universum, und eine Triebkraft des Kosmos.

KIM: Wir müssen das nicht erst lernen? Diese Sehnsucht, Gutes auszuströmen, ist wirklich einfach der Lauf der Dinge?

THOMAS: Ja, und sogar in diesem hohen Grad. Die vielleicht spektakulärste Illustration des kosmischen Dynamik des Feierns ist die Explosion des Seins aus der puren Leere. Erinnerst du dich, wie die Elementarteilchen spontan aus dem Nichts hervorschnellen, diesem ersten und letzten Reich der Zeugung? Die Leere ist durchdrungen von dem Trieb, hervorzuschießen. Die Schwierigkeit liegt in der Sprache: Wenn wir »Leere« sagen, sind wir nicht fähig, auch nur irgendein Gefühl von Ehrfurcht für die Wahrheit zu erwecken, die darin steckt. Wir können noch ein anderes Wort verwenden: Der Grund allen Seins ist *Freigebigkeit*. Die letzte Quelle von allem, was es gibt, und die Stütze und der Brunnen des Lebens ist die Äußerste Freigebigkeit. Alles Lebendige kommt hervor und strahlt, glänzt und funkelt, weil die tiefste Wurzel des Universums die Freigebigkeit des Lebens ist. *Darum* ist der Grund allen Seins leer: Alle *Dinge* sind dem Universum übergeben worden; alle Existenz ist ausgeströmt; alles Leben hat sich ins Sein ergossen; denn die Äußerste Freigebigkeit behält nichts zurück.

KIM: Warte einen Moment – ich muß einfach mal Pause machen, um darüber nachzudenken. Ich habe so viele Fragen! Diese kosmische Dynamik des Feierns und der Freigebigkeit – wir sollen sie in uns entwickeln, stimmt's?

THOMAS: Zunächst ist es so, daß wir aus der Dynamik des kosmischen Feierns heraus geschaffen wurden. Wir sollen zu Feier und Freigebigkeit *werden*, wie sie ins Selbst-Bewußtsein hereinbrechen. Was ist der Mensch? Der Mensch ist ein Freiraum, eine Lichtung, in der das Universum seine Existenz feiert.

KIM: Aber wie sollen wir das entwickeln?

THOMAS: In einem gewissen Sinn ist diese Dynamik die Kulmination der anderen Kräfte. Sich an die Schönheit des Universums erinnern, unsere Sensibilität für die Erhabenheit der Erde fördern, der zentralen Verlockung unseres Lebens nachjagen – all das führt zu einer Überkonzentration von Leben mit seinem unausweichlichen Drang, gefeiert zu werden. Freigebigkeit und Feiern offenbaren die Gegenwart der anderen Kräfte, weil jede von ihnen die Gegenwart des Universums überreichlich enthüllt.

Kim: Was soll ich denn feiern?

Thomas: Indem du diese Frage stellst, schwächst du deine eigenen Kräfte. Du brauchst niemals jemand anderen zu fragen, was oder warum du feiern sollst; die Dynamik des Feierns feiert selbst, das ist alles. Das erste Sakrament des Universums heißt: Ausdruck der eigenen Persönlichkeit. Was immer du stark empfindest, es drängt danach, gestaltet und freigelassen zu werden. Tiefe Freude besteht auf Gesang und Tanz. Frag niemanden, was es zu feiern gibt – frag nicht einmal dich selbst! Laß das Feiern gewähren. Laß die Freigebigkeit des Lebens geschehen. Mehr bedarf es nicht.

Nimm dir die Supernovae zum Vorbild. Als sie sich mit Schätzen vollgefüllt hatten, explodierten sie in einer riesigen kosmischen Feier dessen, was sie getan hatten. Was hättest du getan? Hättest du den Mut gehabt, das Universum mit deinen Reichtümern zu überfluten? Oder hättest du dir das mit der Begründung ausgeredet, du wärest zu schüchtern? Oder hättest du deine Schätze gehortet und darauf bestanden, daß andere sie nicht verdienten, weil sie nicht dafür gearbeitet hätten? Erinnere dich an die außergewöhnliche Freigebigkeit der Supernovae und ihre Feier des Lebens. Sie erinnern uns an unsere Bestimmung, daß das kosmische Feiern selbst-bewußt wird. In uns existiert die Freigebigkeit des Lebens in menschlicher Gestalt.

Du bist die Elementarteilchen des Feuerballs, du bist die Elemente der Supernovae, du bist die Freigebigkeit des Grundes allen Seins. Das ist deine grundsätzliche Natur. Unser tiefster Wunsch ist es, unsere Schätze zu teilen, und dieser Wunsch wurzelt in der Dynamik des Kosmos. Was im Feuerball als Ausdehnung des Universums begann, reift zu deiner Sehnsucht, alle Dinge mit Güte zu überschütten. Immer wenn du von dem Wunsch erfüllt bist, deine Gaben in die Welt zu schleudern, bist du zu dieser kosmischen Dynamik des Feierns geworden und spürst ihren Drang, sich zu ergießen, wie ihn auch die Sterne in sich spüren. Wir *wissen*, daß wir dies spüren – der Stern spürt es nur und antwortet darauf.

KIM: Aber woher weiß ich, daß ich... Woher weiß ich, daß das, was ich feiern soll, sich auch lohnt?

THOMAS: Jedes Lied hat ungeheuren Wert! Lerne singen, lerne, dein Leben und deine Arbeit als ein Lied zu sehen, das das Universum schreibt. Tanze! Jeder Schritt, jeder Handgriff, den du machst, ist wie der Tanz der Galaxien und aller Lebewesen. Wenn wir versuchen, die von selbst auftauchenden Äußerungen der Freude zu beschränken, dann pferchen wir den Überschwang des Universums ein. Stell dir vor, du würdest versuchen, eine Supernova zurückzuhalten! Es ist dasselbe mit menschlicher Feier, Freigebigkeit und Kreativität: Wenn du versuchst, sie einzusperren, erhältst du nur Neurosen und Zerstörung.

Denk an die Ungeborenen von heute und morgen, an all die zukünftigen Generationen und all die möglichen Spezies. Auch sie warten auf die überschwengliche Freigebigkeit des Lebens. Sie sind davon abhängig, so wie du von der Supernova abhängig bist, die vor fünf Milliarden Jahren explodiert ist.

Verliebe dich, mache dich innig vertraut mit allen Dingen, erforsche die Beziehungen überall im Reich der Erde, folge deinen Träumen, und überflute alle Geschöpfe mit Güte.

KIM: Ich weiß nicht, ob ich begeistert oder wütend sein soll. Das war so viel, ich habe so viele Fragen und Pläne, und ich weiß, daß ich das alles gar nicht fassen kam. Ich weiß, daß ich eine Menge von all dem vergessen werde. Kannst du mir irgendwie helfen, das im Gedächtnis zu behalten?

THOMAS: Wir reden über Kräfte und haben insgesamt sechs besprochen: die Verlockung, die Sensibilität, die Erinnerung, das wagende Spielen, das unsichtbare Gestalten, und das Feiern. So viel mußt du doch gar nicht behalten, oder?

KIM: Nein, das ist leicht genug.

THOMAS: Wir haben beschrieben, wie sie für uns sichtbar werden. Das heißt, wir haben den Nachthimmel betrachtet und über Verlockung nachgedacht. Wir haben die Ozeane untersucht und über Absorption, Assimilation und Sensibilität im allgemeinen gesprochen.

KIM: Ja, ja. Mach weiter.

KIM: Wir haben die Dynamik der Erinnerung darin entdeckt, wie das Land sich erinnert. Wir haben einen Blick auf die Lebensformen geworfen, wo das wagemutige Spiel zu Hause ist: im Forscherdrang, im zweckfreien Handeln und in der Vorstellungskraft. Erinnerst du dich: Der Mensch als Baby des Universums?

KIM: Ja, okay.

THOMAS: Dann haben wir die Kerzenflamme betrachtet und

die Bedeutung des »Selbst« untersucht. In allem ist das unsichtbare Gestalten am Werk. Schließlich dachten wir über den Wind nach und entdeckten die Expansion des Lebens und die Dynamik des Feierns. Das ist leicht zu behalten.

KIM: Aber jetzt muß ich mir zwei Aufzählungen merken.

THOMAS: Vergiß sie. Zuerst mußt du sie dir aber sorgfältig merken, damit du sie vergessen kannst. Ich möchte, daß du einen Blick auf den Nachthimmel wirfst und die kosmische Dynamik der Verlockung *intuitiv* erkennst. Der Nachthimmel gibt stets nur ein Wort von sich, und das heißt Verlockung. Das will erst gelernt sein, *danach* vergessen, dann gewußt. Weil du in der modernen anthropozentrischen Epoche aufgewachsen bist, wirst du wohl kaum jemals zum Nachthimmel aufgeschaut haben, geschweige denn verstanden haben, daß dieser dir von der zentralen Dynamik des Kosmos erzählt.

Auf dieselbe Weise kannst du so eine Beziehung zu den Bergen entwickeln, daß dir ein Blick auf sie genügt, um in dir die kosmische Dynamik der Erinnerung wachzurufen. Die Berge und Felsen rufen ohne Unterlaß: ERINNERE DICH! Immer wenn Wasser über deinen Körper rauscht, vergegenwärtigt es dir die kosmische Sensibilität und unsere Bestimmung als Kopf und Herz des Universums. Wenn der Wind dir kühl ins Gesicht bläst, spürst du die Freigebigkeit am Werk und erinnerst dich an die große Freude und Bestimmung zum Feiern. Und wann immer du Sonnenlicht auf deinen Armen spürst, wirst du an die große kosmische Flamme erinnert, deren unsichtbares Gestalten dich durchdringt und mit der Embryogenese der Erde verbindet.

Wir brauchen einen neuen Menschen auf einer neuen Erde, der neue Beziehungen zu den grundlegenden Wirklichkeiten des

Universums schafft und eingeht. In des Satzes offensichtlichster Bedeutung stammen all unsere Schwierigkeiten, die wir als Spezies auf diesem Planeten haben, von unseren falschen Beziehungen zu Wind, Meeren, Lebensformen, Sonnenlicht und Land. Es ist nicht so, daß wir böse sind: Wir haben einfach versucht, außerhalb unserer wahren Beziehungen zu diesen seit Urzeiten wirksamen kosmischen Erscheinungen zu existieren.

Doch sobald du in die Fülle des Universums eintrittst, wirst du eine verblüffende Entdeckung machen. All diese Kräfte gehören dir! Sie kosten nichts! Sie sind nicht abhängig von deiner Hautfarbe, nicht von deiner Religion und nicht vom dem Ort, wo du geboren wurdest. Die weitere Entwicklung der irdischen Lebensgemeinschaft ist auf diesen Reifeprozeß unserer Spezies angewiesen, aber es gibt nichts Natürlicheres für einen Menschen zu erreichen.

Wir verfallen manchmal dem Irrglauben, daß die Kraft woanders zu finden ist, daß sie zu einer anderen Gruppe gehört, daß wir nicht fähig sind, Zugang zu ihr zu finden. Nichts könnte weiter von der Wahrheit entfernt sein. Das Universum trieft vor Kraft und wartet auf jeden, der sie in die Arme schließen möchte. Weil jedoch die Kräfte der kosmischen Dynamik unsichtbar sind, müssen wir an ihre Allgegenwart erinnert werden. Und wer erinnert uns? Die Flüsse und die Ebenen, die Galaxien, die Hurricans und das Wetterleuchten, – und all unsere lebendigen Gefährten.

III

Das Ende des Feuerballs

VON DER FORMATION
DER KONTINENTE
UND DER TRANSFORMATION
DER GESELLSCHAFT

KIM: Aber wir können das nicht allein schaffen! Wir können diese Arbeit nicht als isolierte Einzelpersonen bewältigen!

THOMAS: Ein Teil der Arbeit muß immer allein getan werden. Aber du hast recht. Die gesamte Aktivität ist die Aktivität der Erde als Ganzheit, und das schließt die Menschen mit ein. Wir reden von einem enormen Unternehmen – eines, das die westliche Gesellschaft umgestalten wird, von allen anderen Kulturen ganz zu schweigen. Diese monumentale Aufgabe ist nichts weniger als das Neu-Erfinden der menschlichen Spezies.

KIM: Aber wer wird das organisieren? Wer soll das leiten?

THOMAS: Es geschieht bereits. Die Umformung einer Gesellschaft beginnt natürlich und spontan. Soziale Transformation hat es schon Hunderte von Millionen Jahren gegeben, bevor der erste Mensch das Leben dieses Planeten betrat. Die Transformation der menschlichen Gesellschaft ist nur ein Beispiel unter vielen. Wir können ein klareres Verständnis einer solchen Veränderung gewinnen, wenn wir die Geschichte der

Erde als unseren Gesamtkontext nehmen und unsere Fragen davon bestimmen lassen.

Jedes Ökosystem ist eine Gesellschaft. Sie hat ihre eigenen Gesetze und Bürger, ihre eigenen üblichen Interaktionen, ihre bevorzugte Spezies und solche, die an ihrem Rand existieren. Das gesamte Gefüge des Lebens gleicht einem »Selbst«, so wie wir oben das Selbst definiert haben. Es organisiert alle möglichen Stoffe, Geschöpfe und Energien in einem zusammenhängenden, selbsterhaltenden Prozeß.

Denke dir ein Ökosystem, wie es vor 350 Millionen Jahren im Nordosten des nordamerikanischen Kontinents bestanden hatte. Es gab eine Besonderheit: Die tektonische Platte, auf der die Landmassen Europas ruhten, schob sich gegen die unsrige, und der Druck dieser Kollision wölbte das Land und schob die Berge auf, die wir heute die Appalachen nennen. Warum war die Europäische Platte hier und nicht durch den Atlantischen Ozean von uns getrennt? Weil es damals keinen Atlantik gab, und auch noch weitere 150 Millionen Jahre lang keinen geben würde.

Die Erde entwickelt sich wie das Leben und die Sterne auch, und die Evolution der Erde beinhaltet die Bewegung der Kontinente auf der Erdoberfläche. Sie stoßen zusammen, werfen Gebiete auf, stecken für eine Weile zusammen, driften dann zu neuen Zielen voneinander fort und schaffen dabei neue Ozeane.

KIM: Die Kontinente bewegen sich?

THOMAS: Sie treiben wie Riesenflöße auf dem Erdmantel, einer Substanz, die sich mit der denkbar langsamsten Geschwindigkeit bewegt. Die Erde hat gerade die richtige Größe, um die Gesteine in ihrem Innern in fast geschmolzenem

Zustand halten zu können. Die Kontinente treiben tatsächlich, sie gleiten hierhin und dorthin mit kosmischer Geduld. Die Formation von Bergen geschieht so langsam, daß das Ökosystem sich an die Veränderungen anpassen kann. Wenn die klimatischen Bedingungen sich wandeln, ändern sich auch die Genpools der verschiedenen Regionen und Spezies. Robuste Kaltwasserbakterien zum Beispiel werden zahlreicher in den Seen. Ihre eigenen genetischen Muster beginnen, im Genpool zu dominieren, während dieselbe Bakterienart vorher vielleicht nur einen kleinen Teil der Bakterienpopulation des Sees ausgemacht hat. Wenn sie vorher ums bloße Überleben kämpfen mußten, gibt die veränderte Umwelt – hervorgebracht durch natürliche Selektion – nun ihnen den Vorzug vor allen anderen. Solche Transformationen sind in den genetischen Strukturen und den Wechselwirkungen des gesamten Ökosystems verankert. Auf diese Weise rief der Zusammenstoß zwischen Nordamerika und Europa nicht nur neue Gebirge hervor, sondern gleichermaßen gesellschaftliche Transformationen, weil sich das Ökosystem an die neuen Bedingungen anpassen mußte.

Die gegenwärtige Gesellschaft in den Vereinigten Staaten spiegelt etwas von dieser Dynamik wider: Unsere Gesellschaft ist ein Produkt des Zusammenstoßes zwischen der Welt Europas und der Welt der Indianer. In vielen Bereichen scheint Europa der Sieger zu sein, in Wirklichkeit aber wurden die Sieger die ganzen vergangenen zwei Jahrhunderte hindurch von der steten Gegenwart des indianischen Geistes verfolgt. Die »europäischen« Amerikaner ahnten zwar, daß die schöpfungszentrierte Spiritualität der indianischen Ureinwohner für ihre wahre Gesundung unabdingbar sein würde; doch nur die Begabtesten unter ihnen brachten dieses Bewußtsein zum Ausdruck. So wurde eine Kollision verworfen, die einen neuen seelischen und geistlichen Raum hätte bewirken können. Die Zerstörung unseres amerikanischen Kontinents ist unzertrennbar damit verbunden, daß wir die kreativen Kräfte der Frauen, der Indianer und der Schwarzen in unserem Land geschwächt haben.

In unserem Bewußtsein beginnt seit einigen Jahren die Einsicht zu dämmern, daß der gegenseitige Austausch zwischen diesen beiden Traditionen unsere bedeutendste Quelle für soziale Kreativität und politische Kraft ist. Wir betreten eine Epoche großer Verheißungen. Der wissenschaftlich-technische, christliche, männliche, individualistische Geist Nordeuropas verbindet sich mit der ökologischen, animistischen, femininen, basisgemeinschaftlichen, indianischen Spiritualität: Beide gemeinsam schaffen eine neue Gesellschaftsform, deren Bedeutung alles andere politische oder soziale Geschehen überragt. Der seelische Austausch, der fünfhundert Jahre lang nur einseitig, zerstörerisch und unbewußt wirken konnte, ist mit dem Aufstieg der Ökologiebewegung und der Befreiungsbewegungen der Frauen, der Schwarzen und der Indianer in eine neue Phase getreten.

Diese Transformationen unseres Bewußtseins stellen die Balance unseres seelischen Gravitationszentrums wieder her und ermöglichen so den tiefgreifenden Neuaufbau der gegenwärtigen Gesellschaft.

Mit der schöpferischen Energie, die aus der Verschiedenheit der Traditionen erwächst, bilden wir eine Gesellschaftsform, die uns aus der weltweiten Herrschaft des Terrors herausholt und uns eine erneuerte Gesundheit, eine neue Qualität von Glück und eine grundsätzlichere Freude am Menschsein inmitten aller lebendigen Gemeinschaften bringt.

Wir erfinden eine neue menschliche Gesellschaft, indem wir unsere Codierungen umformen. Das gleicht der Art und Weise, wie ein Ökosystem seine genetischen Codes umschreibt, um seine sozialen Strukturen zu transformieren. Unsere Codes sind metagenetisch. Unser Gesetzescode zum Beispiel: Unser Rechtssystem läuft mit den gleichen Prozessen ab, die zu einer Zeit genetisch codiert wurden, als es noch keine Menschen gab. Unsere Gesetzescodes werden weiterhin die gesellschaftliche Transformation widerspiegeln, so wie es auch die Codes und Methoden unserer Erziehung tun. An allen überlieferten Bräuchen wird die Veränderung sichtbar werden, einschließlich unserer Eß-, Arbeits- und Spielgewohnheiten.

Unsere Grundwerte und Grundsatzprogramme werden sich wandeln; und gerade individuelle Charaktere, die in den letzten beiden Jahrhunderten mehr als störende Randfiguren betrachtet wurden, werden entdecken, daß die Gesellschaft sie in die politische Verantwortung wählt. Während sie vorher übergangen wurden, werden sie nun gewählt, weil sie in zunehmendem Maße die Grundüberzeugungen der amerikanischen Bürger repräsentieren.

KIM: Du redest mit solcher Zuversicht. Bist du völlig davon überzeugt, daß das so geschehen wird?

THOMAS: Nimm an, du wärest dabeigewesen, als die europäische Kontinentalplatte gegen die nordamerikanische Platte zu drücken begann. Diese beiden gewaltigen Schöpfungen schieben einander mit einer Energie zusammen, die ausreicht, um weitere 100 Millionen Jahre lang die Landmassen emporzuwölben. Wie schwierig wäre es denn damals gewesen, zuversichtlich zu hoffen, daß die Berge auftauchen und alle betroffenen Gesellschaftssysteme sich verändern?

KIM: Aber da ist etwas mit von der Partie, das wir *sehen* können: die Bewegung der Erde und alles…

THOMAS: Die Hitze im Kern der Erde und der Druck der Gravitation als Motor der Kollision, richtig. Durch diese Dinge sehen wir die Unausweichlichkeit des Geschehens.

Es gibt eine verwandte Situation im menschlichen Bereich: die ununterdrückbare Entfaltung menschlicher Energie. Ich rede von der Energie, die durch die Geschichte des Kosmos geweckt wurde, durch die Geschichte der Galaxien und der Sterne, durch die Geschichte des Lebens und der Erde. Wenn der Zusammenstoß tektonischer Platten Erdbeben entstehen läßt, dann führt die Entfaltung der kosmischen Geschichte zu Menschenbeben. Denk darüber nach! Das erste Mal in der menschlichen Geschichte haben wir alle ein gemeinsames Schöpfungsepos über den Ursprung des Universums, das bereits in allen Erdteilen das Bewußtsein der Menschen erobert. Egal, aus welcher Rasse, Religion, Kultur oder Nation sie stammen – die Menschen haben nun eine einigende Sprache, aus der heraus wir uns erstmals als *Spezies* organisieren können.

Alle Kulturen der Menschheitsgeschichte wurzelten in grundlegenden Erzählungen über den Kosmos und seine Entstehung. Aus diesen Ur-Geschichten heraus bestimmen wir Menschen, was für uns wahr und wertvoll, schön und lohnend ist, was es zu meiden und wonach es zu streben gilt. Die moderne Gesellschaft ist nicht anders. Wir stützen uns genauso auf unsere einfache Kosmologie, um Machtpositionen zu verteilen, und wir treffen alle wichtigen Lebensentscheidungen auf der Basis dieser elementaren Weltdeutungen.

Zur Zeit gestalten wir unsere Weltanschauung radikal um. Wir müssen neu definieren, was für uns wirklich und wertvoll ist,

was zu meiden und was erstrebenswert sein soll. Die neue
Geschichte des Kosmos entfaltet sich im menschlichen Bewußtsein und übertrifft dabei alle vorherigen Auffassungen
des Universums aus dem einfachen Grund, weil diese kosmische Geschichte alle hineinzieht in die eigene umfassende
Fülle. Und das Erstaunlichste von allem ist, daß sie zwar aus
der empirischen wissenschaftlichen Tradition stammt, aber
auf tiefe und überraschende Weise die ökologische Schau der
Erde bestätigt, wie sie in allen spirituellen Überlieferungen der
Naturvölker auf allen Kontinenten gefeiert wird. Wer kann
ruhig bleiben, wenn er entdeckt, was das bedeutet?

DIE KUNST, KOSMISCHES FEUER ZU SCHMIEDEN

KIM: Warte mal! Das sprengt langsam mein Gehirn! Was machen wir hier eigentlich? Wir reden einfach, oder?

THOMAS: Wir reden einfach.

KIM: Und was hat das nun mit allem anderen zu tun, das geschieht?

THOMAS: Wir sitzen einfach hier und reden, die Sonne steht über China, die rote Eiche hier ist…

KIM: Klar, sicher, aber was *bedeutet* das: zu reden? Was bedeutet das wirklich?

THOMAS: Um die menschliche Sprache zu verstehen, müssen wir uns in den Kontext einordnen, den die Erde als selbstorganisierende Wirklichkeit bildet. Die Erde hat sich selbst beigebracht, einen photosynthetischen Prozeß zu erzeugen, mit der Kraft der Angiospermen zu erblühen, fruchtbaren Ackerboden zu bilden. Die Erde hat diese Dinge nicht vom Mars oder vom Andromedanebel gelernt. Irdische Erziehung ist Selbst-Erziehung.

Die Menschen stecken mittendrin in dieser Dynamik der Selbst-Erziehung. So sitzen wir hier und reden – eine Weiterentwicklung der uralten erzieherischen Aktivität der Erde. Unsere Situation enthält etwas Neues – Selbst-Bewußtsein, das besonders durch unsere Sprache zum Ausdruck kommt, doch Sprache selbst ist auch nur ein Teil eines größeren Erziehungsprozesses. Wir sitzen hier und reden, und sind dadurch in den Erziehungsprozeß der Erde mit hinein genommen. Klar?

KIM: Okay.

THOMAS: In diesem Augenblick ringt die Erde darum, sich ständig mehr Selbst-Reflexion beizubringen. Das schafft sie, indem sie immer mehr Vorgänge durch ein selbstreflektives Bewußtsein ausführen läßt, die vorher ohne diese Eigenschaft funktioniert haben.

KIM: Aber wie erzieht denn die Erde sich selbst?

THOMAS: Gerade jetzt, in unserem Gespräch! Alles daran ist die Erde, die sich selbst erzieht. Denk an all das, was an diesem einen Nachmittag zwischen uns *zur Sprache gekommen* ist: Denkst du, *wir* allein seien dafür verantwortlich? Gütiger Himmel, nein! Denk an die Opfer von Milliarden von Geschöpfen, die nötig waren, um solch eine Sprache möglich zu machen. Nimm einen einzigen Satz: »Der Feuerball explodierte vor 20 Milliarden Jahren, zu Anbeginn der Zeit.« Dieser Satz erfordert nicht weniger als die vollen zwanzig Milliarden Jahre kosmischer Entwicklung. Das ist weder »mein« Satz, noch »gehört« er den Theoretikern, die als erste die Existenz des Feuerballs vorausgesagt hatten, noch den Experimentalphysikern, die als erste seine Hitze entdeckten – das ist ein Satz der ganzen Welt. Nichts weniger ist nötig, um ihn auszusprechen. Der Satz könnte nicht existieren ohne die Ozeane, die Flüsse, die Luft, die Lebensformen, und all die Jahrtausende menschlicher Kultur. Jeder Satz wird von der ganzen Welt gesprochen. Alle Sprache wird von der Erde geformt, als Teil ihrer biospirituellen Embryogenese. Du hast hier gesessen und zugehört, während die Erde das Reden übernahm. Sprache gehört genauso zur Erde wie die Niagarafälle zur Erde gehören. Wie die Erde darum ringt, das Nachdenken über sich selbst zu erreichen, so ringst du darum, zu Kopf und Herz der Erde zu werden; und auf diese Weise schreitet die Erde – du und ich eingeschlossen – in ihrer Selbst-Erziehung voran.

KIM: Bevor mir dieses Bewußtsein wieder entwischt, sag mir doch noch etwas über Worte. Was geschieht mit den Worten?

THOMAS: Wenn du dieser Sprache zuhörst, die die Sprache der Erde selbst ist, wirst du durch die Worte geformt. Deine Aufmerksamkeit formt sich in Worten, deine Wünsche werden in Worten modelliert, deine Zukunftsvisionen werden durch Worte entflammt. In all dem formt dich das Universum, und es formt sich selbst durch dich, damit es seiner selbst immer intensiver gewahr wird durch die Entfaltung eines über sich selbst nachdenkenden Bewußtseins.
Unser allererster Lehrer ist das Universum. Das Universum erweckt uns zum Leben, stattet uns mit schöpferischer Energie aus, beharrt auf einer ehrfürchtigen Einstellung gegenüber allen Dingen und befreit uns aus unserer kümmerlichen Selbst-Bestimmung. Das Universum gibt uns das Feuer und lehrt uns, es zu gebrauchen.

KIM: Wenn du sagst, es »gibt uns das Feuer«, meinst du das dann so, daß...

THOMAS: Ich meine das in der unmittelbarsten und einfachsten Bedeutung. Das Universum gibt Feuer – wirkliches Feuer, himmlisches Feuer.

KIM: Wie?

THOMAS: Laß uns mit unserem momentanen Erleben anfangen: Das beinhaltet Wahrnehmungen, Gedanken, Gefühle, Erwartungen und Hoffnungen – die ganze Subjektivität, die dein *Jetzt* bestimmt. Wir sehen darin die psychische Manifestation der neurophysiologischen Vorgänge im Körper. Elektrizität fließt durch sein Nervensystem und führt zu einer physikalischen Wechselbeziehung mit deinem subjektiven Erleben. Kommst du mit?

KIM: Klar.

THOMAS: Vom physikalischen Standpunkt aus gesehen, entspricht die Bewegung der Ionen in deinem Gehirn deinem subjektiven Erleben. Andere Ionenströme würden dir qualitativ andere Erfahrungen vermitteln; anders gesagt, aber genauso zutreffend: Eine qualitativ andere Stimmung würde sich als veränderter Ionenstrom in deinem Nervensystem manifestieren. Meine Frage ist jetzt einfach die: Was veranlaßt die Ionen dazu, sich zu bewegen? Oder was befähigt dich, zu denken? Auf welche Kraft greifst du zurück, wenn du denkst, fühlst oder staunst?

Ionen bewegen sich nicht aus eigener Kraft, sie müssen geschoben und gezogen werden. Beim näheren Hinschauen zeigt sich, daß ein energiegeladenes Molekül im Gehirn für die Ionenbewegung verantwortlich ist. Noch genauere Untersuchung zeigt, daß dieses Molekül dazu fähig ist, die Ionen herumzuschubsen, weil es letztlich Energie aus der Nahrung bezogen hat, die du zu dir nimmst. Die Nahrung hat ihre Energie von der Sonne erhalten; die Nahrung fängt ein Photon in ihrem Molekülgeflecht ein, und diese Photonenenergie schiebt und zieht die Ionen in deinem Gehirn herum und macht für dich dadurch diesen Augenblick faszinierender menschlicher Subjektivität möglich.

Jetzt gerade, in diesem Moment schweben Ionen auf diese oder jene Weise umher, weil du auf bestimmte Weise die Energie der Sonne in dir organisiert hast.

Aber wir sind noch nicht fertig. Woher kam das Photon? Wir wissen, daß im Kern unserer Sonne durch Kernfusion aus Wasserstoffatomen Heliumatome entstehen, wobei Photonen in Sonnenlicht freigesetzt werden. Wenn also die Photonen aus den Wasserstoffatomen stammen, woher hat sie dann der Wasserstoff? Diese Frage bringt uns letztlich bis zu dem urzeitlichen Feuerball zurück, zu dem Augenblick der Schöpfung selbst.

Der urzeitliche Feuerball war ein riesiger Ausstoß von Licht und zunächst so machtvoll, daß er Elementarteilchen mit sich riß, als wären sie Rindenstückchen auf einer Flutwelle. Als der Feuerball sich aber weiter ausdehnte, beruhigte sich das Licht, bis – Hunderttausende von Jahren später – das Energieniveau auf einen Punkt abgesunken war, wo es von Elektronen und Protonen in der Gemeinschaft des Wasserstoffatoms eingefangen werden konnte. Wasserstoffatome lodern mit der Energie des Feuerballs, und symphonische Energiestürme werden in Gemeinschaften zusammengehalten, die sie äußerst zurückhaltend hergeben. In den Kernen der Sterne aber werden die Wasserstoffatome gezwungen, ihre Energie in Form von Photonen freizugeben, und dieser Photonensturm aus den Anfängen der Zeit speist *dein* Denken.

KIM: Ehrlich…!

THOMAS: Das Feuer aus den Anfängen der Zeit versorgt dich mit Kraft – *jetzt gerade, in diesem Augenblick.* Was du gerade jetzt denkst und fühlst, ist nur durch das kosmische Feuer möglich geworden. Dein ganzes Nervensystem ist erfüllt von diesem Feuer.

KIM: Ich bin sprachlos.

THOMAS: Du brennst innerlich vor neuer psychischer Energie, stimmt's? Wer hat diese Energie wachgerufen, wenn nicht das Universum, unser erster Lehrer? Das Universum hat uns in vier Jahrhunderte sorgfältiger empirischer Forschung gelockt, und nun – statt wie erwartet einen Haufen steriler Daten zu finden – sind wir betäubt von der psychischen Energie, die über uns hereinbricht.

Das Universum versorgt uns mit Feuer aus den Anfängen der Zeit und weckt gleichzeitig tiefe Ehrfurcht in uns vor diesem Feuer. Das Universum verlangt von uns eine Antwort: Wachen wir auf? Verpflichten wir uns einer Vision der Schönheit, die den Ursprüngen unseres Feuers würdig ist? Formen wir dieses Feuer, wie es uns geformt hat, im Bewußtsein der ehrfurchtgebietenden Arbeit, die nötig war, damit es uns zur Verfügung steht?

Jeden Morgen im Bett erwachen wir zu dem Feuer, das all die Sterne erschaffen hat. Unsere erste moralische Pflicht ist es, dieses Feuer zu hüten: diese Quelle unserer Transformation, unseres Selbst, unserer Gesellschaft, unserer Spezies, und unseres Planeten.

Jeder Augenblick konfrontiert uns mit dieser kosmischen Verantwortung: dieses Feuer auf eine Weise mitzugestalten und auszubreiten, die seiner numinosen Ursprünge würdig ist. Wir hegen es, wenn wir bewußt damit umzugehen lernen: Hüten wir das Feuer? Schenken wir ihm unsere Verehrung? Erschaffen wir etwas Schönes für unsere planetarische Heimat? Dies ist das innerste Feuer deines Ich, und das innerste Feuer des ganzen Kosmos: Es darf nicht für Banalitäten oder Vergeltung vergeudet werden, nicht für Groll, nicht für Verzweiflung. Wir haben die Macht, das kosmische Feuer zu *schmieden*. Was ließe sich mit einer solchen Bestimmung vergleichen?

Wenn ich das Universum als höchste moralische Autorität bezeichne, dann meine ich damit die Art und Weise, wie uns der Wert der Erde gelehrt wird. Die Elemente wurden uns von den Sternen geschenkt, die komplexen organischen Verbindungen gab uns die junge Erde, die Informationsträger der Gensequenzen schenkten uns die Mikroorganismen, unsere Glieder und Organe verdanken wir höheren Lebensformen, und die sprachlichen Symbole, die unsere Gedanken und Gefühle tragen, dem Abenteuer Menschheit. Wir könnten nicht sehen ohne die Arbeit derjenigen, die das Auge modelliert, und nicht hören ohne diejenigen, die das Ohr geformt haben. Das Universum hat diese Geschenke erschaffen und uns damit überschüttet; unsere erste und tiefste Reaktion ist unendliche Dankbarkeit.

Dasjenige, das all dies erschuf, sehnt sich nun nach *unserer* Kreativität, Hingabe und Arbeit, nach *unserer* Freude, sich bei vollem Bewußtsein in die kosmische Geschichte hineinzubegeben. Die Berge und die Ozeane, die Sterne und die Lebensformen – sie alle sind Empfänger derselben Freigebigkeit, sie alle tragen zu den unbekannten zukünftigen Höhepunkten unserer Arbeit bei – sie alle erbeben in und mit derselben Kraft. Uns ist eine begrenzte Anzahl von Lebenstagen gegeben, eine begrenzte Menge von urzeitlichem Feuer, um damit zu arbeiten – wer könnte bestreiten, daß es einzig und allein darauf ankommt, bei diesem ehrfurchtgebietenden Werk *unseren Teil* zur Gestaltung des Universums beizutragen?

Und darum fasse ich unsere gegenwärtige wissenschaftliche Erkenntnis über die Wirklichkeit des Kosmos in dem einen Satz zusammen: Das Universum ist ein Grüner Drache. Grün, weil das ganze Universum voller Leben ist. Seine Embryogenese begann mit dem kosmischen Ei des urzeitlichen Feuerballs und hat ihren Höhepunkt in der Wirklichkeit, die sich jetzt vor unseren Augen zu entfalten beginnt.

Und auch ein Drache, nichts weniger. Drachen sind mystisch, stark, tauchen plötzlich aus geheimnisvollen Tiefen auf, verschwinden wieder im Geheimnisvollen. Sie sind wild, gütig und bekannt dafür, daß sie die Menschen zu den entferntesten Horizonten der Weisheit führen.

Und Drachen sind voller Feuer. Auch wenn es keine Drachen gibt – wir sind Drachenfeuer. Wir sind die schöpferische, sprühende, sengende, heilende Flamme des ehrfurchtgebietenden und bezaubernden Universums.

GLOSSAR

ANGIOSPERMEN: Bedecktsamer; höchstentwickelte Blütenpflanzen, bei denen die Samenanlagen in Fruchtknoten eingeschlossen sind und darin zu Samen heranreifen.

ATMOSPHÄRE: Die Gashülle um einen Planeten, Stern oder anderen Himmelskörper, dessen Gravitationsfeld stark genug ist, um die Gase am Entweichen in den Weltraum zu hindern.

ATOM: Basiseinheit der Materie, bestehend aus einem von Elektronen umkreisten Kern, der sich aus Protonen und Neutronen zusammensetzt.

DALTON, JOHN: 1766–1844, Begründer der modernen Atomtheorie.

ELEKTRON: Ein stabiles Elementarteilchen mit negativer elektrischer Ladung, das den Kern eines Atoms umkreist.

EXPANSION DES WELTALLS: Ausdehnung des Universums, die man annimmt aufgrund der Beobachtung, daß Spektren weit entfernter Galaxien eine Rotverschiebung aufweisen.

GALAXIS: ein Sternsystem mit einem Durchmesser von Tausenden von parsec (1 parsec = 3,26 Lichtjahre).

GRAVITATION: Schwerkraft, die gegenseitige Anziehung materieller, über Masse verfügender Objekte. Nach der Einsteinschen Relativitätstheorie ist die gegenseitige Anziehung eine Folge der Krümmung von Raum und Zeit in der Nachbarschaft einer Masse.

HAWKING, STEPHEN W.: engl. Physiker und Mathematiker, geb. 1942, Nachfolger Newtons auf dem »Lukasischen Lehrstuhl« in Cambridge, bekanntester lebender Kosmologe (»Eine kurze Geschichte der Zeit. Die Suche nach der Urkraft des Universums«, 1988).

KOSMOLOGIE: Die Lehre vom Universum als Ganzem.

NEUROPHYSIOLOGIE: Lehre von den Funktionen der Teile des Nervensystems.

NEUTRON: Ein ungeladenes Teilchen, dem Proton sehr ähnlich, das etwa die Hälfte der Teilchen in den meisten Atomkernen stellt.

NEWTON, SIR ISAAK: 1643–1727, engl. Physiker, Mathematiker und Astronom, Entdecker des Gravitationsgesetzes und zahlreicher anderer grundlegender Erkenntnisse auf naturwissenschaftlichem Gebiet.

NUKLEOTIDE: Sprossenartige Stoffpaare, Bestandteile der Nukleinsäuren. Für ein DNS-Molekül werden nur vier Nukleotide benötigt: Purin- und Pyrimidinbasen, Pentose und Phosphorsäure.

ONTOLOGIE: Die Lehre vom Sein, von den Ordnungs-, Begriffs- und Wesensbestimmungen des Seienden.

PAULI-PRINZIP: zwei identische Teilchen (Elektronen, Protonen oder Neutronen) können nicht zugleich dieselbe Position und dieselbe Geschwindkeit haben.

PHOTON: Lichtquant der elektromagnetischen Strahlung.

PROKARYOTEN: Lebensformen vor etwa 3,2 Milliarden Jahren, bestehend aus den Stämmen der Bakterien und der blau-grünen Algen, die alle noch keinen organisierten Zellkern besitzen.

PROTONEN: Die positiv elektrisch geladenen Teilchen, die etwa die Hälfte der Teilchen in einem Atomkern stellen.

QUANTENFLUKTUATION: Fluktuationen von nicht direkt beobachtbaren Teilchenpaaren des Lichts oder der Gravitation, die irgendwann zusammen erscheinen, sich trennen, wieder zusammenkommen und sich gegenseitig vernichten.

Relativitätstheorie: Die von Albert Einstein 1906 aufgestellte spezielle Relativitätstheorie behandelt den Einfluß der relativen Bewegung und Position eines Beobachters auf seine eigenen Beobachtungen. Danach hat ein sich durch den Raum bewegender Körper sein eigenes Raum-Zeit-Kontinuum. Die Lichtgeschwindigkeit ist die oberste Grenzgeschwindigkeit, die von keinem Körper überschritten werden kann. Sie ist unabhängig von Bewegung oder Position der Lichtquelle oder des Beobachters. Die allgemeine Relativitätstheorie wurde von Einstein 1916 aufgestellt und definiert die Gravitation als eine Funktion des vierdimensionalen Raum-Zeit-Kontinuums bzw. der Raumkrümmung.

Schwarzes Loch: Eine Himmelskörperregion, deren Materie so verdichtet ist, daß ihr Gravitationsfeld an der Oberfläche so stark ist, daß nicht einmal Lichtstrahlen entweichen können. Den Raumbereich im Zentrum eines Schwarzen Loches, in dem ein unendlich starkes Gravitationsfeld herrscht, nennt man Singularität.

Urknall-Theorie: Die Singularität am Anfang des Universums, nach der die gesamte heute beobachtbare Materie vor etwa 15 Milliarden Jahren aus der Urexplosion einer ungeheuer verdichteten Materieregion hervorging.

Zweiter thermodynamischer Hauptsatz: Ohne einen Eingriff von außen kann Wärme nicht von einem kühleren System zu einem wärmeren System übergehen.

DANKSAGUNG

Was war notwendig? Die Luft natürlich, der Regen, das Essen, das mir die Erde schenkte. Und die Ehrfurcht vor den elektrischen Stürmen des Sommers. Aber hat das einen Sinn, diese Dinge aufzuzählen? Ich denke schon. Das überwältigende Schweigen der Berge durchdringt mein ganzes Denken. Sollte ich es nicht erwähnen? Ohne das Geheimnis, das ein Wald bei Nacht offenbart, wäre ich längst vertrocknet. Oder das Grübeln, das uns der winterliche Schnee lehrt. Den meisten Dank aber schulde ich der Schönheit des Nachthimmels. Und meine Danksagung gilt dem menschlichen Empfindungsvermögen, wie es in unseren wissenschaftlichen, künstlerischen und religiösen Überlieferungen jubelnd zum Ausdruck kommt. Ich werde nie wieder derselbe sein wie zuvor, seitdem ich durch die Gespräche mit den ICCS Spiritual Voyagers, der PLU/UPS-Gruppe der Theoretischen Physiker und dem Riverdale Zentrum für Religiöse Forschung so viel Kraft und Mut bekommen habe. Ich danke den Eltern, Kindern, Familien, Lehrern, Kollegen und Studenten, Thomas Berry, Bruce und Linda Bochte, Frank Cousens, Matt Fox, Denise Santi Swimme – und der Geheimnisvollen Quelle, dem all dies entspringt.

Der Dank des Übersetzers gilt Marion Küstenmacher, München, Martin John Pickard, Leeds, Jürgen Wittenstein, Marburg und Martin Engelbrecht, Nürnberg.

Über den Verfasser

Brian Swimme, ein bekannter amerikanischer Physiker und Kosmologe, promovierte 1978 in Théorétischer Physik über Gravitationssysteme. Von 1978 bis 1981 lehrte er Mathematik, Physik und Kosmologie an der Universität Puget Sound, Seattle. 1983 arbeitete Dr. Swimme mit Thomas Berry zusammen, mit dem Direktor des Riverdale Zentrums für Religiöse Forschung in der Nähe von New York, der dem Sprecher Thomas den Namen gab und viele der Ideen dieses Buches inspirierte. Swimmes Philosophie ist zutiefst beeinflußt u. a. von Dante, Plato, Teilhard de Chardin, Erich Jantsch, Gregory Bateson und Lewis Thomas. Sein erstes Buch, Manifesto for a Global Civilisation, schrieb er zusammen mit Matthew Fox im Jahre 1980. Dr. Swimme ist derzeit einer der Direktoren des von Matthew Fox gegründeten Institute in Culture and Creation Spirituality am Holy Names College in Oakland, Kalifornien.

Von der Freiheit loszulassen – Letting go

160 Seiten mit s/w-Abbildungen Pbck., DM 16,80,
ISBN 3-532-62108-8

Dieses Buch dokumentiert die großen Reden der vielbesuchten Vortragsreise Richard Rohrs im März 1990 in Europa. Sensationelle Bibelauslegungen sind der Ausgangspunkt für Rohrs Vision einer Theologie der Freiheit und der radikalen Nachfolge. Rohr, Wegbereiter einer eigenständigen westlichen Spiritualität, führt seine Leser in die Tiefe geistigen Wachstums. Diese Reden zeigen erstmals sein neues weltumspannendes Konzept von Kirche aus der Perspektive der Armen (Lateinamerika), der Frauen (Europa und Nordamerika), der Meditativen (Asien) und der Basisgemeinschaften (Afrika).

Der wilde Mann
Geistliche Reden zur Männerbefreiung

Übersetzt, bearbeitet und mit einer Vorrede versehen von Andreas Ebert, 10. Auflage, 152 Seiten mit mehreren s/w-Abbildungen, Pbck., Format 12 × 19,7 cm, DM 16,80, ISBN 3-532-62042-1

„Der wilde Mann" ist ein ebenso engagiertes wie erfrischendes Buch, ein Plädoyer für die Freiheit von sexistischen, biogrphischen und gesellschaftlichen Klischees, Fixierungen und Zwängen.
Dieser Entwurf einer wahrhaft Franziskanischen Frömmigkeit ist bei mir selbst als eine Ermutigung zu neuer Lebenspraxis und als eine Inspiration neuer Lebensprozesse angekommen.   *Richard Riess*

Richard Rohr
Der nackte Gott
Plädoyers für ein Cristentum aus Fleisch und Blut

Übersetzt und bearbeitet von Andreas Ebert, 3. Auflage, 176 Seiten mit mehreren s/w-Abbildungen, Pbck., Format 12 × 19,7 cm, DM 16,80, ISBN 3-532-62061-8

In Reden, Predigten und Aufsätzen wird die persönliche Entwicklung des Autors sichtbar, aber auch sein Schlüsselthema, die Menschwerdung Gottes in Jesus Christus. Rohr verkündet eine Theologie der Befreiung für das Abendland, ein Christentum aus Fleisch und Blut. „Ein ‚hautnahes' Buch, mit regelmäßigem und starkem Pulsschlag."   *Heinz Brockert, Sonntagsblatt*

Claudius Verlag · Birkerstraße 22 · 8000 München 19

Für dieses Buch wurde Fox mit einem Schweigejahr belegt!

Unsere Kirchen sind zu sehr fixiert auf Schuld und Sünde, zu patriachalisch geprägt, zu intolerant – und zu langweilig. So der Theologe Matthew Fox, der mit seinem inspirierenden Programm der Schöpfunsspiritualität Mystik und Kreativität in die Kirche zurücktragen will

DER **GROSSE SEGEN**

Umarmt von der Schöpfung

Eine spirituelle Reise auf vier Pfaden durch sechsundzwanzig Themen mit zwei Fragen

Mit *Der Große Segen* schenkt Matthew Fox uns einen neuen Zugang zu unseren eigenen mystischen Traditionen. Er zeigt die fatale Fixierung der Kirchen auf die „Sündenfall/Erlösungs"-Theologie und entwirft eine schöpfungsbezogene „Theologie des Segens und der Freude", die sich zugleich dem Schmerz des Kreuzes stellt.

Kosmologisch, mystisch, poetisch, feministisch, spirituell – dieses Buch enthält die Bausteine für eine visionäre Theologie der Zukunft: Hoffnung für alle, die von der spirituellen Armut ihrer Kirchen enttäuscht sind.

Mit einem Vorwort von Richard Rohr. Aus dem Amerikanischen von Jörg Wichmann, 384 Seiten, Pbck., DM 36,–, ISBN 3-532-62112-6

Claudius Verlag · Birkerstraße 22 · 8000 München 19